EinFach Französisch

Unterrichtsmodell

édité par Dieter Ewald

Louis Malle

Au revoir, les enfants

de Rainer Haberkern

Schöningh

Einzelarbeit

Partnerarbeit

Gruppenarbeit

Unterrichtsgespräch

Schreibauftrag

Hausaufgabe

filmische Präsentation

Projekt, offene Aufgabe

kreative Aufgabe

szenisches Spiel, Rollenspiel

Vorwort

Das vorliegende Heft ist Teil der Reihe „EinFach Französisch“, die Lehrerinnen und Lehrern erprobte und an den Bedürfnissen der Schulpraxis orientierte Unterrichtsmodelle für die Sekundarstufe II zur Verfügung stellt. Sie zeichnen sich aus durch Benutzerfreundlichkeit und Überschaubarkeit und bieten – gerade auch im Hinblick auf die Anforderungen des Zentralabiturs – einen klaren Leitfaden für die Behandlung von Texten und Medien, einen schnellen Zugriff auf unterschiedliche Materialien und damit eine deutliche Erleichterung bei der Unterrichtsvorbereitung.

Die Modelle ermöglichen einen methodenreichen Unterricht: Handlungsorientierte und innovative Methoden werden ebenso berücksichtigt wie bewährte Verfahren der Texterschließung und Textbearbeitung oder Verfahren der Film-, Bild- und Textanalyse. Das Prinzip der *Modules* (Bausteine) eröffnet dabei die Möglichkeit, Unterrichtsreihen individuell mit unterschiedlichen thematischen und methodischen Akzentuierungen je nach kursspezifischen Bedürfnissen zu konzipieren.

Das vorliegende Modell bezieht sich auf folgende Textausgabe:
Louis Malle, *Au revoir, les enfants* (scénario), hg. von Wolfgang Ader,
© 1993 Philipp Reclam jun. GmbH & Co., Stuttgart, ISBN 978-3-15-009290-3

Der besondere Dank des Autors gilt seiner Frau, Mme Martine Mallet, für die Anfertigung der Illustrationen.

Sprachliche Betreuung: Marie-Christine Kocheise

www.schoeningh-schulbuch.de
Schöningh Verlag, Jühenplatz 1–3, 33098 Paderborn

Druck 5 4 3 2 1 / Jahr 2011 10 09 08 07
Die letzte Zahl bezeichnet das Jahr dieses Druckes.

Umschlaggestaltung: Peter Wypior, Bad Driburg
Illustrationen: © Martine Mallet; p. 9: © picture-alliance/dpa-Fotoreport;
p. 44: Louis Malle, *Au revoir, les enfants*. Collection „Folio“, © Editions GALLIMARD
Druck und Bindung: AZ Druck und Datentechnik GmbH/Kempten (Allgäu)

ISBN 978-3-14-046266-2

Approches

Nous allons prier pour ceux qui souffrent, ceux qui ont faim,
ceux que l'on persécute.
Nous allons prier pour les victimes, et aussi pour les bourreaux.
(82.09–12)

Qui pourraient être les deux personnes de ce dessin?
Quel est l'endroit qui se profile derrière ces deux personnes?
Pour quelles raisons sont-elles à cet endroit?
Qu'exprime le regard du jeune garçon?

Louis Malle: *Au revoir, les enfants*

Module 4: Referate/exposés 60

Module 5: Approfondissement: vers d'autres dimensions 77

Module 6: Comparaison de deux films: *Au revoir, les enfants* et *Lacombe Lucien* 86

Die Personen und der Inhalt

Um den Schülerinnen und Schülern eine bessere Orientierung zu geben, wird im Folgenden eine Liste der im Film agierenden Personen aufgeführt. Diese Aufstellung hat den Vorteil, angesichts der Häufigkeit des Auftretens im Film die Wichtigkeit dieser Person zu verdeutlichen, und hilft zudem den Schülern als Referenz bei der Anfertigung der Referate (Modul 4). Die Personen können den Ortsangaben entsprechend zwei Kategorien zugewiesen werden: den im Internat auftretenden Personen (le monde du dedans) und den Personen außerhalb des „collège" (le monde du dehors).

Die Vorkommnisse werden aus Sicht des jungen Julien Quentin vermittelt, Sohn eines Industriellen aus Lille. Der Film beginnt mit dem schmerzvollen Abschied Juliens von der geliebten Mutter im „Gare de Lyon" an einem kalten Januartag des Jahres 1944. Er muss mit seinem 16-jährigen Bruder nach den Weihnachtsferien zurück in das „Collège Sainte-Croix", ein Internat für Schüler aus besserem Hause. Dieses Internat im Großraum Paris wird von Ordensbrüdern geleitet; die bessergestellten Eltern wissen dort ihre Söhne fern der alliierten Bomberverbände in relativer Sicherheit.
Am Abend ihrer Rückkehr stellt der Bruder Jean, Leiter des „collège", einen Neuzugang mit Namen Jean Bonnet vor, dem der Aufseher Moreau ein Bett neben Julien im Schlafsaal zuweist. Jean muss zunächst die üblichen und teilweise gehässigen Scherze (le rituel du bizutage) seiner Mitschüler ertragen, die er ohne Gegenwehr über sich ergehen lässt.

Der Zuschauer wird im Folgenden vertraut mit dem Leben der Jugendlichen im Internat, das geprägt ist durch Klassenunterricht, Andachten, Spiele auf dem Schulhof, Schlafsaal sowie die Machenschaften (Schwarzmarkthandel) der älteren Schüler und auch Juliens mit dem einfachen, zudem behinderten Küchengehilfen Joseph, der zu ihrem Prügelknaben geworden ist und sich ständig boshaften Bemerkungen und auch gehässigen handgreiflichen Ausschreitungen ausgesetzt sieht. Die Beschreibung der Lebensumstände im Internat wird lediglich unterbrochen durch eine Hausdurchsuchung der „Milice", die jedoch für die Internatsinsassen ohne Folgen bleibt. Julien interessiert sich zunehmend für Jean Bonnet, der sich als ausgezeichneter Schüler erweist und zudem musikalisch begabt ist. Der neugierige und auch eifersüchtige Julien sieht seine privilegierte Stellung als Musterschüler bedroht; er findet heraus, dass Jean Bonnet in Wirklichkeit Jude ist und Kippelstein heißt. Von der Gestapo verfolgt, hat Jean Bonnet mit Zustimmung des Bruders Jean im „collège" Zuflucht gefunden und verschweigt, um sich und andere nicht zu gefährden, hartnäckig seine Herkunft und Identität. Erst die gemeinsame Erfahrung von Gefahr im Rahmen einer Schnitzeljagd (le fameux jeu de piste) außerhalb des „collège" schmiedet die Jugendlichen zusammen, es ist der Beginn einer kurzen Freundschaft: Jean und Julien verlaufen sich, werden in den späten Abendstunden von deutschen Soldaten aufgegriffen und ins Internat zurückgebracht. Jean Bonnet öffnet sich nach und nach Julien und gibt Vertraulichkeiten preis.

Ein banaler Zwischenfall – Joseph wird von der Köchin Perrin beim Diebstahl ertappt – löst das tragische Geschehen aus. Bruder Jean trifft die fatale Entscheidung, einzig Joseph zu bestrafen und ihn der Schule zu verweisen. Joseph, behindert, ohne Auskommen und Unterkunft, schließt sich in seiner Not der Gestapo an. Er informiert diese über die Unterbringung der jüdischen Mitschüler und des Arbeitsdienstverweigerers (réfractaire) Moreau im „collège", worauf dieses vom Chef der Gestapo von Melun, einem gewissen Dr. Müller und seinen SS-Schergen, durchsucht wird. Moreau kann entkommen, aber Jean Bonnet – unabsichtlich von Julien verraten – und zwei weitere Juden werden verhaftet, ebenso wie der „Père Jean", bei dem die Gestapo zudem noch Flugblätter der „Résistance" gefunden hat. Die vier verhafteten Personen werden deportiert und kommen in Konzentrationslagern um.

Le monde de l'internat:

1. les prêtres/les «babasses»

- le père Jean (12, 15, 16, 27, 43–45, 53, 73–74, 80–82, 96, 100–102, 112, 113, 121, 123)
- le père Michel/la mère Michel (10, 20, 24, 34, 35, 36, 45, 49, 50, 54, 56, 66, 94, 99–100, 101–102, 112)
- le père Hippolyte (12, 41, 42, 63, 72, 73, 113)

2. les professeurs

- M. Tinchaut, professeur de français (17–19, 55–56)
- M. Guibourg, professeur de mathématiques (32–34, 109–110)
- M. Florent, professeur de grec (61, 96)
- Le prof' de gym, un sous-officier en retraite (38–39)
- Mlle Davenne, professeur de musique (38–41, 50, 83, 96–97, 103–104)

3. le (jeune) surveillant Moreau (12–13, 16, 28, 53–55, 66, 94, 105, 109, 115–117)

4. les élèves

la classe de quatrième:

- Julien Quentin
- Jean Bonnet/Kippelstein (12–15, 19–21, 23, 28–29, 32–33, 34–35, 37–38, 40–41, 42, 47, 48, 52, 54, 55–56, 59–60, 61–63, 65, 67, 68–72, 78–79, 82, 83–84, 85, 86, 87, 88, 94, 95, 97, 98, 99, 103–106, 108, 110, 111–114, 121–123)
- Boulanger (15–16, 19, 26–27, 34, 39, 41, 46, 48, 51–52, 54, 60, 67, 68, 76–78, 109, 120)
- Babinot (10, 19, 24, 27, 46, 48, 52, 53, 83, 113)
- Ciron (11, 27, 32, 38, 39, 46, 53, 56, 76–77, 83)
- Rollin (27, 49)
- Navarre (27–28, 56, 60)
- Du Vallier (48)
- Sagard (6, 26, 29, 41, 46, 55, 97–98, 99, 110)

les grands:

- François, le frère de Julien (7, 16–17, 20, 57, 64–66, 75, 83, 85–86, 88, 89, 91–93, 96–97, 100, 101–102, 113)
- Pessos (20, 29, 30, 64, 67–68, 74)

les autres:

- Laviron (22–23, 36, 83, 114–115)
- Négus/Lafarge (22–24, 57, 75, 80, 82, 97, 112, 113, 115–116, 121–123)
- Dupré (80, 112, 121–123)

5. la cuisine

- Mme Perrin, la cuisinière (24, 25/26, 55, 99–100)
- Joseph, garçon de cuisine (25–26, 29–31, 54–55, 57, 66, 92, 95, 96, 99–103, 106, 118–119)

6. l'infirmerie

- l'infirmière (75–76, 78, 79, 114–116)

Le monde du dehors:

1. les Allemands

- simples soldats et caporaux (19, 48, 71–74)
- les officiers (84, 85, 89)
- le Dr. Müller (110–112, 119–121)
- les SS, les Feldgendarmes (110, 111, 113–114, 115–116, 119–121)

2. les miliciens

- première intervention dans le collège (53–54)
- contrôle «Au Grand Cerf» (87–89)

3. Mme Quentin et les autres parents

- Mme Quentin (5–8, 58, 80–81, 83, 84–93)

4. les Français dans le restaurant (84–89)

Portrait de Louis Malle

Louis Malle, metteur en scène, écrivain, producteur et documentariste, est né le 30 octobre 1932 à Thumeries dans le Nord, près de Lille. Issu d'une grande famille d'industriels du sucre, il grandit dans le milieu de la grande bourgeoisie. Pendant l'occupation, Louis Malle fréquente plusieurs internats catholiques, dont un à Fontainebleau qui l'inspirera plus tard.
Dès l'âge de 14 ans, Louis Malle commence à s'intéresser aux caméras et au film. Au lieu de poursuivre une carrière dans les affaires ou la haute administration, il choisit d'entrer dans l'IDHEC (Institut des hautes études cinématographiques). Il ne termine pas ses études préférant accepter un travail que lui propose Jacques Yves Cousteau. Il devient assistant sur le «Calypso», plus exactement cameraman en plongée. Le film qu'ils tournent ensemble intitulé *Le monde du silence* remporte un succès énorme et se voit attribuer en 1956 la Palme d'or au festival de Cannes. Encouragé par ce succès, Louis Malle se lance dans son premier long métrage *Ascenseur pour l'échafaud* avec Maurice Ronet qui remporte le prix Delluc en 1958, suivi du film *Les Amants* avec Jeanne Moreau de 1958, *Zazie dans le métro* en 1960 et *Le Feu Follet* en 1963 avec Jeanne Moreau.
Le mouvement de la «Nouvelle Vague» n'a jamais intéressé Louis Malle qui développe son propre style et qui n'hésite pas à aborder des sujets à scandales comme la relation incestueuse entre une mère et son fils dans *Les Amants* ou des films qui provoquent des controverses dans la société française. *Lacombe Lucien* en 1974 suscite un vrai tollé, Louis Malle se voit confronté à une foule de reproches qui provoquent son expatriation aux Etats-Unis.
A Hollywood, dans les années qui suivent, il tourne entre autres des succès comme *La petite* avec Brooke Shields et *Atlantic City* avec Burt Lancaster. En 1987, il retourne en France pour réaliser son chef d'œuvre *Au revoir, les enfants* qui est la consécration du cinéaste Malle: Lion d'Or à Venise et 8 Césars: César du meilleur film, César du meilleur réalisateur, César du meilleur scénario original ou adaptation, César de la meilleure photographie, César du meilleur décor, César du meilleur son, César du meilleur montage, et encore une fois le Prix Louis-Delluc.

Entre autres on peut encore citer des succès comme:

Première période française:
1962: *Vie privée* (avec Brigitte Bardot)
1965: *Viva Maria!* (avec Jeanne Moreau et Brigitte Bardot)
1966: *Le Voleur* (avec Jean-Paul Belmondo)
1969: *Calcutta, l'Inde fantôme* (documentaire)
1971: *Le Souffle au cœur* avec Lea Massari

Période américaine:
1976: *Black Moon* (avec Donald Sutherland)
1985: *Alamo Bay* (avec Ed Harris)
1985: *Gods Country* (documentaire sur les travailleurs américains)

Deuxième période française:
1989: *Milou en mai* (avec Michel Piccoli)
1992: *Fatale* (avec Jeremy Irons et Juliette Binoche)
1994: *Vanya, 42ᵉ rue,* son dernier film

Louis Malle meurt le 23 novembre 1995 à Los Angeles en Californie.

Vorüberlegungen zum Einsatz des Films/Drehbuchs im Unterricht

Der Film bzw. das Drehbuch *Au revoir, les enfants* von Louis Malle ist im Rahmen des inhaltlichen Schwerpunkts „La France et l'Allemagne – Occupation et Résistance" nicht nur ein verbindlicher ZA-Schwerpunkt in Nordrhein-Westfalen, sondern in den Lehrplänen etlicher Bundesländer verankert. Die historische, politische, moralische und kulturelle Aktualität dieser Thematik (außenpolitisch im weitesten Sinne: Israel und Palästina; das gespannte Verhältnis Israels zu seinen muslimischen Nachbarstaaten; innenpolitisch in etlichen europäischen Staaten das Problem des Rechtsradikalismus, die Verneinung des Holocausts als periodisch auftretende Provokation, die Schändung jüdischer Friedhöfe sowie Attentate gegen jüdische Einrichtungen) hat an Brisanz nichts eingebüßt, wenngleich mit der Wiedereröffnung der jüdischen Synagoge in München am 9. November 2006 ein weiterer Schritt zu einer Normalisierung in Deutschland zu verzeichnen ist. Aber auch in Frankreich ist das Verhältnis zum Judentum und somit zum Staat Israel belastet: Die Kollaboration des Vichy-Regimes mit Hitler-Deutschland, die massive Deportation der französischen Juden in die Vernichtungslager (la rafle du Vel-d'Hiv) ab 1942, die geschichtlich bedingte Nähe der französischen Außenpolitik zu muslimischen Staaten, vor allem zum Maghreb sowie zum Libanon, sind nicht ohne negative Auswirkungen auf das französisch-israelische Verhältnis. Hinzu kommt bzw. kam die in Frankreich schleppende Auseinandersetzung mit dem dunklen Kapitel der eigenen Vergangenheit, nachvollziehbar an den Prozessen gegen hohe Funktionäre (Bousquet, Papon, Touvier) des Vichy-Regimes, die sich sogar der Deckung und tatkräftigen Unterstützung selbst ranghoher Politiker über Jahrzehnte erfreuten.

Das Geschehen wird aus der Perspektive eines Zwölfjährigen vermittelt und gibt Oberstufenschülern ein Gefühl der „Überlegenheit". Julien sieht viel, begreift jedoch nicht alles, was Schülern der Stufen 12 bzw. 13 jedoch sofort einsichtig ist. Die Sprache ist das „français standard", bisweilen durchsetzt mit „expressions familières". Sprachschwierigkeiten – wenn sie denn auftreten sollten – werden durch das Bild relativiert, das durch die Kameraführung (Einstellungen auf die Gesichter von Julien und Jean) eine nachhaltige Wirkung erzielt. In besonderer Weise wird das Gefühl angesprochen und Empathie für das Schicksal der Jugendlichen, vor allem das des Jean Bonnet geweckt. Die Auseinandersetzung mit einer harten, nicht in der Fiktion angesiedelten, sondern erlebten und somit authentischen Wirklichkeit, die Verhaftung, Deportation und Tod beinhaltet, schärft das Gespür für Ungerechtigkeiten und mahnt, diese tatkräftig zu bekämpfen. Insofern leistet der Film bzw. das Drehbuch auch über die geschichtliche Dimension hinaus einen erheblichen Beitrag zur Werteerziehung, indem der Mensch aufgefordert wird, gegen menschenverachtende Tendenzen (Rassismus, Xenophobie) und gewalttätige Ausschreitungen gegenüber Minderheiten zu revoltieren und sich für Gerechtigkeit und Freiheit einzusetzen.

Ein weiterer Grund für die Behandlung des Films ist die Integration von Text, Bild und Ton. Abgesehen von der Tatsache, dass vom Film eine grundsätzliche Faszination ausgeht, dass das Bild Semantisierungsfunktionen übernimmt und bei der Entschlüsselung unbekannter Sachverhalte hilft und dass durch den Einbezug des Hörverstehens ein authentischer Text umfassender erfahren wird, werden die Schülerinnen und Schüler auch mit „Manipulationstechniken" vertraut gemacht, die der Regisseur verwenden kann, um seine Sicht der Dinge dem Zuschauer zu vermitteln. Gerade in unserem Jahrhundert, in dem Wirklichkeiten nicht mehr nur durch das Wort, sondern verstärkt durch das Bild transportiert werden, kann ansatzweise hier Aufklärung erfolgen, inwieweit durch „Manipulationstechniken" wie Bild (plans, angles, mouvement de caméra) und Ton (musique, bruitage) – für uns mehr oder weniger unbewusst – Haltungen, Einstellungen und Gefühle beeinflusst werden.

Angesichts der integrativen Behandlung von Film und Text, des erheblichen Motivationspotenzials und einer normalen Markiertheit des Textes ist dieser Gegenstand besonders geeignet, Schülerinnen und Schüler auf die Anforderungen im Rahmen des Zentralabiturs vorzubereiten und die entsprechenden Qualifikationen und Kompetenzen in wissenschaftspropädeutischer Hinsicht zu fördern:

1. **sprachlich** im selbstständigen Umgang mit ein- und zweisprachigen Wörterbüchern sowie französischen Enzyklopädien, bezüglich des Ausbaus des Textbesprechungsvokabulars sowie der Weiterentwicklung sach- und problembezogener Kommunikation als auch der Förderung kommunikativer Fertigkeiten im Rahmen des Hör-, Lese- und „Sehverstehens";
2. **interkulturell** im Rahmen der Auseinandersetzung mit einer geschichtlichen Situation in ihrer zeitlosen Dimension, der besonderen Verantwortung gegenüber der Vergangenheit und einer sich daraus ergebenden Verpflichtung, in Gegenwart und Zukunft die Werte der Humanitas und der Demokratie zu verteidigen und sich jederzeit für Freiheit, Gleichheit und Gerechtigkeit einzusetzen;
3. **methodisch im Umgang mit Texten und Medien** im Rahmen der Textrezeption das Erkennen der manifesten als auch latenten Text- und Bildinformation, in Bezug auf manipulative Techniken des Mediums Film, hinsichtlich der Erweiterung der Medienkompetenz, der gezielten Informationserweiterung (Integration außertextueller historischer Bezüge) sowie der Informationsbewertung als auch der Möglichkeit des Einbringens textgestaltender Maßnahmen;
4. in Bezug auf **Formen des selbstständigen Arbeitens** als integrativer Bestandteil kooperativen Lernens in Form von Informationsrecherche in Enzyklopädien oder im Internet, der Konzeption und Realisation der Referate, der Aufbereitung der Produkte mithilfe moderner Kommunikationstechnologien und sowie deren sach- und adressatenkonforme Präsentation.

Die Vielschichtigkeit des Werks zeigt sich ebenfalls in der Möglichkeit, umfassend zu bilden und in vielfältiger Hinsicht fächerübergreifend zu verfahren. Eine Fülle von Verzahnungen bietet sich zu den nachfolgend aufgeführten Fachbereichen an:

Geschichte ➡ Zweiter Weltkrieg, Besetzung Frankreichs, Vichy-Regime (Pétain) und Kollaboration, Juden und Deportation, Konzentrationslager und Holocaust; de Gaulle und die Résistance

Erziehungswissenschaften ➡ Erziehungsstile und Werteerziehung, Individuum und Gesellschaft, Leben in einer Gemeinschaft (Unterordnung/Anpassung/Rolle der Disziplin), Vater-Sohn-Verhältnis, Mutter-Sohn-Beziehung

Religion ➡ Katholizismus und Judentum, Kirche als Anwältin der Verfolgten und Unterdrückten; Auseinandersetzung mit Schuld, Sühne, Vergebung, Tod; Glaube an/Abkehr von Gott; Hoffnung und Verzweiflung

Philosophie/Ethik ➡ Verständnis von Mensch, Rassenideologie, Rassenwahn; Materialismus und Idealismus, Humanismus und Existenzialismus, Menschen in Grenzsituationen (Mut/Feigheit), Freiheit und Verantwortung des Individuums, Gerechtigkeit; Fatalismus und Revolte

Politik ➡ Totalitarismus und Faschismus, Demokratie, Verhalten gegenüber Minderheiten

Sozialwissenschaften ➡ Schule und Gesellschaft; Gesellschaftsstrukturen, Laizität; soziale Herkunft/soziale Schicht und Bildung, Schulsystem, Bildungsauftrag der Schule, Systemvergleich in synchroner/diachroner Perspektive (école privée/école publique)

Psychologie ➡ Initiationsprozesse, Riten und Mythen, Ödipus-Komplex; Pubertät und Sexualität

Konzeption des Unterrichtsmodells

„Le film risque de décevoir les élèves: il est constitué d'une accumulation de petites scènes, apparemment sans grand enjeu, closes sur elles-mêmes"[1], so ein Eingangskommentar zum preisgekrönten Film von Louis Malle aus dem Jahr 1987. Diese Befürchtung ist unbegründet, wird doch eine ergreifende Geschichte erzählt, die einen dramatischen Ausschnitt aus dem Leben des Regisseurs wiedergibt. Der Film beeindruckt, bewegt, rüttelt auf – ohne dabei auf marktschreierische Spezialeffekte à la Hollywood zurückzugreifen. Die schauspielerische Leistung der Jugendlichen, der gezielte moderate Einsatz filmästhetischer Mittel sowie die nach banalem Beginn zunehmende dramatische Verdichtung und psychologische Konzentration konfrontieren Schülerinnen und Schüler auf eindringliche Weise mit einem authentischen Geschehen, das durch das Bild und die begleitende Behandlung des Drehbuchs keine zu großen sprachlichen Anforderungen stellt.

Indes, die Behandlung des Films im Rahmen der Thematik der deutsch-französischen Beziehungen macht zum besseren Verständnis des Zusammenhangs die Vermittlung politischer, historischer und auch kultureller Referenzen notwendig – dies auch vor dem Hintergrund unterschiedlicher Eingangsvoraussetzungen von Grund- und Leistungskursschülern. Dementsprechend werden in **Module 1** diese Voraussetzungen geschaffen, wobei die Angebotspalette variabel in Abhängigkeit der vorhandenen Kenntnisse auszuloten ist. In Anbetracht des Gebots der methodischen Varianz und der sinnvollen Integration moderner Technologien ist für den Grundkurs die Erhellung des historischen Kontextes anzuraten; die im weiteren Verlauf angebotenen Texte (Discours de Pétain/Appel de de Gaulle; Situation der Juden im besetzten Frankreich; Lebensumstände der Bevölkerung während der deutschen Besatzung) haben eher sporadisch-fakultativen Charakter und sollten in toto eher im Leistungskurs Berücksichtigung finden.
Die in **Module 2** angebotenen Elemente haben unmittelbaren Einführungscharakter; die filmästhetischen Mittel werden vor der Präsentation des Films angesprochen und mit einer Internetrecherche kombiniert. Die Behandlung der „Première" sowie die der „Quatrième de couverture" der Folio-Ausgabe verweisen auf das authentische Geschehen, ermöglichen einen Spannungsaufbau und den Einbezug leserorientierter produktiver Verfahren (Hypothesenbildung) sowie die Sensibilisierung für kommerzielle Aspekte bei der Aufmachung eines Buches.
Kernstück des Unterrichtsgeschehens ist das **Module 3**, in dem nach der Präsentation der Sequenzen 1–3 der Film in drei Blöcken (Blockverfahren, vgl. Umgang mit Film) gezeigt wird. Diese Unterteilung ergibt sich aus der inhaltlichen Struktur des Films. Die Rezeption wird aufgrund des Umfangs der Blöcke 1 und 2 durch Arbeitsaufträge gelenkt bzw. unterstützt. Im Vordergrund steht die manifeste Informationsentnahme, wobei in den Blöcken 1 und 2 Schwerpunktsetzungen (intensive Behandlung ausgewählter Schlüsselsequenzen) vorgenommen werden.
Auf der Grundlage der gewonnenen Kenntnisse und des bekannten Geschehens werden dann in **Module 4** unter Einbindung der Schüler und Schülerinnen in den methodischen Prozess weitere Schwerpunktsetzungen vorgenommen: anzuraten für den Grundkursbereich sind Referate zu den Hauptpersonen Julien Quentin, Jean Bonnet, Joseph und des Père Jean; im Leistungskurs kann das Angebot an Referaten um weitere Personen (Mme Quentin, François) und Themen (Verhaltensweise Jean Bonnets; Ideal und Tragik des Père Jean) erweitert werden.

[1] www.premiersplans.org/premiersplans/05-festival/fiches_pedagogiques/Au_revoir_les_enfants.rtf

Nach Präsentation der Referate werden in einer „phase de synthèse/d'approfondissement" in **Module 5** durchgängige zentrale Themen systematisiert und einer abschließenden Bewertung unterzogen, wobei im Grundkursbereich die Entwicklung der Freundschaft, der autobiografische Rückbezug sowie die synoptische Auflistung aller Elemente der Judenbedingtheit in der damaligen Situation Beachtung finden sollten.
Dem Leistungskurs vorbehalten sein sollte der Vergleich mit dem Film *Lacombe Lucien* von Louis Malle, der in **Module 6** entwickelt wird. Die angeregten Vergleichsmöglichkeiten haben auch hier wiederum Angebotscharakter; zu berücksichtigen bei der Vielfalt möglicher Vergleichsaspekte ist ebenfalls die Länge des Films (2 Stunden 12 Minuten) und der Umfang des Drehbuchs (123 Seiten).

Abschließend werden **zwei Klausurvorschläge** entwickelt: ein narrativer Text (das authentische Schicksal der Hélène Kro alias Hania Mansfeld) als Beispiel für einen **Grundkurs** (GK I), ein lyrischer (das Gedicht *Paris – Pentecôte* von P. Seghers) für einen **Leistungskurs** (LK I).

Grundsätzliches zum Einsatz des Films/Hilfen

Der Film als mehrfach kodiertes Medium übt eine ungebrochene Faszination aus und ist aufgrund seiner Distanz- und Identifikationsmöglichkeiten, Authentizität, mehrkanaligen und somit umfassenden Wahrnehmungserfahrung und Förderungsmöglichkeiten in sprachlicher, inhaltlicher und methodischer Hinsicht sowie der vielfältigen technischen Nutzungsmöglichkeiten ein willkommener Unterrichtsgegenstand. Die Behandlung dieses Films ermöglicht ein erfolgreiches didaktisches Arbeiten, weil er eine echte Geschichte erzählt, die emotional bewegt, somit eine psychologisch-affektive Komponente aufweist, die Reaktionen hervorruft, somit Rede- und Diskussionsanlässe bietet, Engagement herausfordert und über die dargestellte historische Situation zeitlose Fragen aufwirft, mit denen sich Schüler auseinandersetzen müssen.

Indes, im Rahmen des Französischunterrichts, vor allem im Grundkursbereich, bleibt zu berücksichtigen, dass es sich um einen authentischen „Text" handelt, den es zu verstehen gilt. Bisweilen sehr unterschiedliche sprachliche Voraussetzungen (zunehmende Heterogenität der Kurse im Französischen vor allem im Grundkursbereich) als auch fehlendes (historisches) Referenzwissen können den Verstehensprozess erschweren und die Bewältigung der Inhalte im Rahmen enger zeitlicher Vorgaben in ein (scheinbar) hoffnungsloses Unterfangen münden lassen. Möglichkeiten, dem entgegenzuwirken, bestehen einerseits in einer sprachlich-inhaltlichen Vorentlastung, andererseits durch kenntnisnehmende Vorablektüre des Drehbuchs. Des Weiteren sollte grundsätzlich festgehalten werden, dass beim Umgang mit dem Medium Film das Unterrichtsgeschehen sich an Themen und Inhalten orientiert. Eine umfassende Vermittlung filmtechnischer Begriffe sowie eine detaillierte Film-Feinanalyse ist im Französischunterricht – vor allem im Grundkursbereich – nicht einlösbar; Gegenstand kann hier lediglich sein die Vermittlung grundsätzlicher filmtechnischer Begriffe aus den Bereichen „plans", „angles" und „mouvements de la caméra" sowie deren Funktionalität im jeweiligen inhaltlichen Kontext beziehungsweise im Hinblick auf die Wirkungsabsicht des Regisseurs.

Die methodischen Möglichkeiten sind durch den Einsatz von Film **und** Drehbuch vielgestaltig. Die grundsätzlich zu treffende Entscheidung betrifft den Einsatz des Drehbuchs: Erfolgt die Lektüre vor der Filmvorführung (orientierend) oder sukzessiv-begleitend während der Filmvorführung? Diese Entscheidung ist abzuwägen in Abhängigkeit von Kursvoraussetzungen, zeitlichen Vorgaben sowie didaktischen Zielsetzungen. Besteht ein wesentlicher Nachteil bei der Vorablektüre im Verlust des Spannungselements, das die Faszination dieses Mediums ausmacht, sowie in der Einschränkung produktiv-kreativer Verfahren, können als Vorteile bei der Vorablektüre die gesicherte Rezeption, ein zeitökonomischeres Vorgehen sowie inhaltliche Vertiefungen mit analytisch-produktiven Akzentuierungen gelten.

Die gängige Verfahrensweise beim Umgang mit Filmen sieht folgende Möglichkeiten vor:

- das **Intervallverfahren**, d.h. die Präsentation des Films in bis zu 15 Segmenten à 5–10 Minuten und abschließende Vorführung des gesamten Films;
- das **Blockverfahren**, wobei der Film in zwei bis drei Blöcke unterteilt wird und anschließend Schlüsselszenen ausgewertet werden;
- das **Sandwich-Verfahren**, den alternierenden Einsatz von Film und Lesetext (Drehbuch).

Wenngleich das Intervallverfahren keine übliche Vorentlastung präjudiziert und ein weiterer Vorteil in der Sicherung des Detailverstehens besteht, wird dieses Verfahren aufgrund zu starker Parzellierung, kleinschrittiger Verfahrensweise und letztlich auch nicht authentischer Rezeption bei diesem Unterrichtsvorhaben nicht berücksichtigt werden. Vorgeschlagen im Rahmen dieses Projekts wird vielmehr nach einer inhaltlich-sprachlichen Vorentlastungsphase (Module 1) und einer kurzen Einführung der Sequenzen 1–3 die Präsentation des Films in drei größeren Blöcken bei parallel begleitendem Einsatz des „scénario". Diese Einteilung ergibt die folgenden drei Blöcke:

- Sequenzen 4–26,
- Sequenzen 27–48,
- Sequenzen 49–53.

Die Einteilung ergibt sich aus der inhaltlichen Struktur des Films:
Die Szenen 4–26 beschreiben im Wesentlichen das Leben der Schüler im Internat; die einzige handlungsaktive Szene (23) ist das Auftauchen der Miliz in der Anstalt. Der erste Block endet mit dem Aufdecken der wahren Identität von Jean Bonnet durch Julien.
Die Szenen 27–48 stellen vor allem die Entwicklung der Freundschaft zwischen Jean und Julien dar, wobei in diesem Block die Predigt des „Père Jean" (34), der Restaurantbesuch (36) und die Entlassung Josephs (43) genauer untersucht werden können. Der Block endet mit der friedfertigen Szene im Schlafsaal nach der gemeinsamen Lektüre der *Mille et Une Nuits*.
Die Szenen 49–53 geben das dramatische Geschehen wieder, das mit dem Auftauchen der Gestapo in dem Kloster in Szene 49 seinen tragischen Lauf nimmt. Die Szene 53 und somit der Film enden mit der Deportation der drei Jugendlichen und des „Père Jean".

Séquencier du film

N°	minutes	moment	lieu	personnages	actions	remarques
1	0.09	03.01.1944	Paris Gare de Lyon Le quai	Mme Quentin Julien François	Scène de départ Vacances de Noël terminées Julien doit quitter sa mère	**Scène attendrissante entre le fils et la mère avant le départ du train**
2	1.56		Dans le train	Julien	Julien dans le train; il regarde le paysage et pleure	Générique/ paysage hivernal
3	3.18		Une petite ville d'Ile-de-France	Le père Michel Les garçons Deux soldats allemands	En route vers l'internat Le Petit collège Saint-Jean-de-la-Croix	
4	4.24	03.01.1944 le soir même	A l'Internat Le dortoir	Les garçons Moreau Le Père Jean Bonnet	Bonnet arrive à l'internat	Bizutage: petites violences et mauvaises plaisanteries des élèves
5	7.10	04.01.1944	Les lavabos	Les garçons	Bonnet et Boulanger se lavent	Pénurie ➡ eau froide

N°	minutes	moment	lieu	personnages	actions	remarques
6	7.41		La chapelle	Les garçons Le Père Jean	La messe du matin Boulanger s'évanouit de faim	Pénurie ➡ faim
7	8.25		La classe	La classe de quatrième M. Tinchaut	Cours de français: le poème de Charles Péguy Un soldat allemand arrive	Moqueries des élèves ➡ nom de Bonnet
8	10.22		La cour	Les garçons Le Père Michel	Les grands fument Bizutage de Bonnet Le combat: les échasses Blessure de Quentin Combat entre Laviron et Négus	Violence entre élèves
9	12.39		La cuisine	Mme Perrin Julien Joseph	Julien se fait soigner Echange entre Julien et Joseph (timbres contre confiture)	Marché noir
10	13.48		Le réfec-toire	Les garçons Les prêtres	L'heure du déjeuner/dîner Appel du Père Jean Biscuit vitaminé ➡ Sagard harcèle Bonnet; les grands se moquent de Joseph	Motif du partage ➡ premier appel à la charité Bonnet renonce à la viande
11	16.37		La basse-cour	Julien/Joseph	Transaction confiture/timbres	Joseph se plaint
12	17.37	Les jours suivants	La classe	La classe de quatrième M. Guibourg	Cours de maths: un problème de maths	Bonnet excellent en maths Sirène, alerte ➡ attaque aérienne
13	19.01		La cave	Les élèves M. Guibourg Le Père Michel	A l'abri du bombardement	Guerre ➡ les Alliés bombar-dent la gare/la caserne d'artille-rie de la ville
14	20.50		Le dortoir	Les élèves	Nouvelle farce ➡ Bonnet Enurésie de Julien la nuit	

N°	minutes	moment	lieu	personnages	actions	remarques
15	23.30		La cour	Les élèves de quatrième	Cours de gymnastique Mlle Davenne arrive	
16	24.20		La salle de musique	Mlle Davenne Julien Bonnet	La leçon de piano	Julien médiocre Bonnet excellent Jalousie de Julien
17	26.15		Etude	Les élèves Le Père Hippolyte	Julien intercepte la lettre de Jean Bonnet; informations incohérentes pour Julien	Informations incohérentes sur les parents de Jean Bonnet
18	27.18		Le bureau du Père Jean	Le Père Jean Julien	La confession et la demande du Père de soutenir Bonnet Le coup de téléphone	Le rôle important de Julien, son influence sur les autres Coup de fil: avertissement
19	29.27		Une place, la rue, les bains	Les élèves en route vers les bains publics	Entretiens anodins entre les élèves	
20	30.47		Les bains publics/ vestiaires/ baignoires/ douches	Les élèves Le Père Michel Les soldats allemands	Les élèves prennent un bain	
21	33.27		La rue	Les élèves Le Père Michel	Les élèves rentrent au collège	
22	33.46		Le dortoir	Julien Bonnet	Jean Bonnet prie en hébreu	Julien ne comprend rien
23	34.47		La cour	Les élèves Moreau Joseph Le Père Jean Les miliciens	L'incursion de la Milice dans l'internat; raison de l'arrivée ➡ La recherche de réfractaires L'impuissance du Père Jean	**Moreau se cache;** **le Père Michel écarte Bonnet** **Allusion au STO** **Joseph est au courant ➡ Moreau réfractaire**
24	36.35		La classe	Les élèves M. Tinchaut	Cours de français; notes de l'interro écrite; Jean Bonnet arrive en retard avec le Père Michel	Bonnet meilleur que Julien
25	37.27		Le couloir	Les élèves Joseph	Joseph glisse des cigarettes à François; la distribution du courrier	Marché noir

N°	minutes	moment	lieu	personnages	actions	remarques
26	38.08		Le dortoir	Julien	Julien lit la lettre de sa mère Il fouille dans le placard de Bonnet: Il découvre la vraie identité de Bonnet ➡ Kippelstein	La guerre ➡ bombardements à Paris
27	41.29		La classe	Les élèves M. Florent	Cour de grec Discussion de Julien avec Bonnet au sujet des «Trois Mousquetaires» Questions sur l'identité de Bonnet	Bonnet lâche quelques informations Bonnet s'énerve et se renferme
28	44.15		La cour	Les élèves Julien François Joseph Moreau Le Père Michel	Entretiens «philosophiques» entre grands; questions de Julien sur les «youpins» Joseph de nouveau maltraité par les grands	Humiliation de Joseph
29	45.58	17.01.1944	La forêt	Les élèves Les soldats allemands	Le jeu de piste Julien et Bonnet s'échappent Julien trouve le trésor Ils se font arrêter par une patrouille allemande	**La peur des deux adolescents** **Solitude et panique dans le monde du dehors** **➡ début d'une amitié**
30	53.53		La route	Julien et Bonnet La patrouille Le Père Hippolyte Le Père Jean	Les soldats allemands ramènent les deux à l'internat	
31	54.22		La cour	voir ci-dessus, + Pessos	La réprimande du Père Hippolyte La vive protestation de Julien L'intervention du Père Jean	

N°	minutes	moment	lieu	personnages	actions	remarques
32	55.12		L'infirmerie	François Julien L'infirmière Boulanger Ciron Bonnet	Julien se fait soigner; propos indécents de François à l'égard de sa mère; visite des copains; Julien provoque Bonnet Bagarre entre les deux	La sexualité: *Les Mille et Une Nuits* Refus de Bonnet: Le pâté contient de la viande de porc Identité révélée: colère de Bonnet
33	58.41	Un dimanche	Les lavabos	Julien Bonnet	Les élèves se préparent	
34	59.05		La chapelle	Les élèves Les parents Le Père Jean	La messe du dimanche: Le prêche du père Jean	**un appel à la solidarité/à la charité (LK)**
35	1.02.07		La cour	Les parents Les élèves Julien Bonnet	Bagarre entre Julien et Bonnet	
36	1.03.18		Au restaurant	Mme Quentin Julien François Bonnet M. Meyer Les miliciens Les officiers	L'incident au Grand Cerf Le contrôle des miliciens L'intervention de l'officier allemand Le renvoi/départ des deux miliciens	**Le microcosme en France en 1944** **Actions et réactions des différents groupes au restaurant**
37	1.08.18		La rue	Mme Quentin François Julien Joseph et sa «fiancée»	En route vers la gare Rencontre de Joseph qui se fait larguer par sa «fiancée» Fernande Projets d'avenir des deux frères	
38	1.10.13		Un escalier à l'internat	Julien Bonnet	Bonnet remercie Julien	
39	1.10.39		Le réfectoire	Les élèves Les prêtres Mlle Davenne M. Florent	La séance de cinéma: le film avec Charlie Chaplin; Approches lamentables de François	Scène symbolique ➡ Amérique ➡ la statue de la liberté
40	1.14.45		Le dortoir	Julien Sagard	Nouvelle énurésie de Julien Sagard le surprend et se moque de lui	

N°	minutes	moment	lieu	personnages	actions	remarques
41	1.15.23		Les lavabos	Julien Bonnet	Julien se confie à Bonnet	
42	1.15.47		La cour	Les élèves Mme Perrin Joseph	Julien apprend à Bonnet à monter sur les échasses Joseph surpris en train de voler	
43	1.16.33		Le bureau du Père Jean	Quelques élèves Le Père Jean Joseph	Le renvoi de Joseph La réprimande des autres élèves tous aussi cou-pables que Joseph	**L'injustice du Père Jean** **La désolation de Joseph** **Regret du Père Jean (LK)**
44	1.18.24		La chapelle	Mlle Davenne et quelques élèves	Préparatifs pour la chorale du dimanche; Bonnet se cache	
45	1.19.16		La salle de musique	Julien Bonnet	Bonnet apprend à Julien le boogie-woogie, bonne entente, rire; alerte: les deux décident de rester sur place, de ne pas descendre à l'abri	
46	1.20.50		La cour	Julien Bonnet	Bonnet fait part de ses senti-ments	La peur constan-te de Bonnet
47	1.21.32		La cuisine	Julien Bonnet Joseph	Les deux man-gent des châtai-gnes Joseph arrive pour récupérer des affaires	
48	1.22.19		Le dortoir	Julien Bonnet	Lecture des *Mille et Une Nuits*	
49	1.23.35		La classe	Les élèves de quatrième M. Guibourg Dr. Müller Un SS Le Père Michel	Les nouvelles du front L'arrivée de la Gestapo L'échange de regards entre Julien et Bonnet, Müller le voit Le Père Michel informe les élèves sur les faits; la fermeture imminente de l'établissement	A la recherche de Kippelstein **La trahison involontaire de Julien** Bonnet décou-vert et arrêté Lafarge/Bonnet/ Dupré ➡ juifs (cachés par le Père Jean) arrêtés

N°	minutes	moment	lieu	personnages	actions	remarques
50	1.28.01		Le dortoir	Le Père Hippo-lyte François Julien Bonnet Un SS	Tout le monde se prépare pour partir Adieux entre Julien et Bonnet	
51	1.30.09		L'infirmerie	Julien L'infirmière Moreau Négus Deux SS	Moreau – le réfractaire – et Négus se cachent; les fouilles des SS, la peur et la trahison de l'infirmière: Négus découvert et arrêté Moreau arrive à s'échapper	
52	1.32.35		La cour	Un Allemand de la Gestapo Julien Joseph	Joseph avoue sa trahison Il a dénoncé le Père Jean	
53	1.34.07		La cour	Müller Les SS Les trois filles Les élèves Les Prêtres	A la recherche d'autres juifs Le discours du Dr. Muller sur le devoir du soldat allemand; le rôle de la discipline; l'appel; le départ du Père Jean avec Bonnet, Dupré et Fafarge/ Négus, EPILOGUE	**La voix off de Louis Malle** **La mort du Père Jean à Mauthau-sen** **La mort de Bonnet, Dupré et Lafarge à Auschwitz**

Les éléments/connotations politiques, historiques, géographiques et socio-culturelles (dans l'ordre de leur apparition dans le texte)

- **Ile-de-France** (p. 9): importante région française autour de Paris qui regroupe huit départements
- **Sherlock Holmes** (p. 13): détective célèbre des romans policiers de l'Anglais Arthur Conan Doyle
- **La Comédie-Française** (p. 18): ou Théâtre-Français, théâtre d'Etat en France fondé en 1680
- **Charles Péguy** (p. 18): poète, écrivain et essayiste français, né le 7 janvier 1873 et mort au combat, au début de la bataille de la Marne, le 5 septembre 1914
- **Dubo, Dubon, Dubonnet** (p. 19): Dubonnet ➡ un apéritif très connu en France; la publicité avec ce jeu de mots (paronomase ➡ du beau, du bon, dubonnet) a connu un grand succès en France dans les années 40
- **Le bizutage** (p. 21): rite d'initiation interdit depuis 1998, lors duquel on fait subir aux nouveaux arrivés des actes humiliants et dégradants
- **Montjoie** (p. 21): allusion à la nef du Roi Louis IX (Saint-Louis) lors de la 7e croisade de 1248–1254; nom devenu le cri de guerre que les Français lançaient alors dans les batailles
- **le Chevalier Bayard** (p. 21): ce «chevalier sans peur et sans reproche» symbolise les valeurs de la chevalerie française (1476–1524)
- **Richard Cœur de Lion** (p. 22): roi d'Angleterre (1189–1199) célèbre pour son courage et sa brutalité contre les Sarrazins en Terre Sainte lors de la Troisième Croisade (1189–1192)
- Les **Sarrazins** (p. 23): peuple de confession musulmane au Moyen Age
- **Madagascar** (p. 31): une île dans l'océan Indien, au large de l'Afrique de l'Est, colonie française de 1896 à 1960.
- **Les Trois Mousquetaires** (p. 34, 36, 47, 61, 62): le célèbre roman d'Alexandre Dumas; Athos, Porthos, Aramis, les trois mousquetaires, sont au service du roi Louis XIII (1610–1643)
- **Schubert**, Franz (p. 39): célèbre compositeur autrichien (1797–1828)
- **Milady** (p. 47): belle et perfide espionne du cardinal de Richelieu qui intrigue contre le roi Louis XIII dans le roman «Les Trois Mousquetaires» d'Alexandre Dumas
- **Pétain**, le Maréchal (p. 46): homme d'Etat français (1856–1951), le héros de Verdun (1916), il collabore avec l'Allemagne nazie après la débâcle de 1940
- **Laval**, Pierre (p. 46): homme politique français, chef du Gouvernement du régime de Vichy, jugé et exécuté le 15 octobre 1945
- **La Milice** (pp. 53–55): force de police politique créée par Laval en janvier 1943 qui collabore avec les nazis et traque essentiellement les juifs et les résistants
- Le **S.T.O** (p. 55): le Service du Travail Obligatoire. Durant l'Occupation, les travailleurs français – en complicité avec le Régime de Vichy – sont réquisitionnés et obligés de travailler dans des usines allemandes
- Le **réfractaire** (p. 71): une personne qui refuse de travailler en Allemagne (S.T.O)
- La **Beauce** (p. 73): région française très fertile située au sud-ouest de Paris
- **Boulogne-Billancourt** (p. 58): commune à l'ouest de Paris, elle subit entre 1942 et 1944 de violents bombardements des Alliés à cause des usines Renault
- **Lille** (p. 58): ville industrielle et importante du Nord de la France, capitale européenne de la culture en 2004, capitale de la région du Nord
- **Le château d'If** (p. 59): fortification française dans la baie de Marseille; la prison d'Edmond Dantès, «Le Comte de Monte-Cristo» du roman d'Alexandre Dumas

- **Jules Ferry** (p. 59): homme politique français (1832–1893), ministre de l'Instruction civique, il est le défenseur de la laïcité de l'enseignement (loi du 28 mars 1882)
- **Thucydide** (p. 61): homme politique et historien grec (471–400 av. J.-C.) qui a écrit l'«Histoire de la Guerre du Péloponnèse»
- **La Guerre du Péloponnèse** (p. 61): une guerre qui opposa la ville d'Athènes à celle de Sparte (431–404 av. J.-C.)
- «**La mutilation des Hermès**» (p. 61): Lors de la Guerre du Péloponnèse entre Athènes et Sparte en 416 av. J.-C., l'expédition des Athéniens était prête à partir pour la Sicile. Le jour du départ de la flotte, on découvrit avec horreur que les statues des Hermès, installées sur l'Agora et près des temples, avaient été mutilées. Ceci fut interprété comme un signe envoyé par les dieux pour avertir du danger de cette expédition.
- **Marseille** (p. 62, 87): ville importante dans le sud de la France connue pour son histoire, capitale de la région Provence-Alpes-Côte d'Azur (PACA)
- **Saint Thomas** (p. 64): Saint Thomas d'Aquin (1225–1274), théologien et philosophe italien
- **Bergson** (p. 64): philosophe français (1859–1941), prix Nobel de littérature en 1927
- **Youpin/Youtre** (p. 65; p. 87): langue argotique, expressions racistes et méprisantes pour les Juifs
- **Les Mille et Une Nuits** (p. 66, 77, 106–108, 114): un livre persan contenant un ensemble de contes d'origines diverses
- «**Maréchal, nous voilà**» (p. 71): Chanson française à la gloire du maréchal Pétain
- **Saint Jacques** (p. 82): un des douze apôtres de Jésus
- **Saint Paul** (p. 82): un des disciples de Jésus, mort à Rome décapité en 67
- «**la verdure**» (p. 85): allusion aux soldats allemands à cause leur uniforme
- **Lyon, lyonnais** (p. 86): importante ville industrielle située sur le Rhône, capitale de la région Rhône-Alpes
- **Léon Blum** (p. 90): homme politique socialiste français (1782–1950), Président du Conseil du Front populaire en 1936, déporté en mars 1943 à Buchenwald, libéré en 1945
- **Le maquis** (p. 91): désigne l'ensemble des groupes de résistance pendant l'occupation allemande
- **Polytechnique** (p. 124): une des Grandes Ecoles françaises, elle forme les ingénieurs français
- **Charlie Chaplin** (p. 96): acteur et réalisateur britannique (1889–1977), première grande vedette d'Hollywood, héros du film muet
- **Edna Purviance** (p. 97): une des stars du film muet (1895–1958), partenaire de Charlie Chaplin dans de nombreux films
- **Saint-Saëns**, Camille (p. 96): compositeur français (1835–1921) de l'époque romantique
- Un **boogie-woogie** (p. 104): un style musical basé sur le piano, venant du Sud des Etats-Unis, une forme plus rapide et rythmée du Blues
- La **D.C.A.** (p. 105): Un acronyme → La **d**éfense **c**ontre les **a**vions; l'ensemble des installations militaires pour se protéger contre les attaques aériennes
- **Ukraine** (p. 109): une région dans l'Europe de l'Est, faisant partie de l'Union Soviétique, indépendante depuis le 24 août 1991
- **Kiev** (p. 109): capitale de l'Ukraine
- «**L'Armée rouge**» (p. 109): L'armée de l'Union Soviétique, la couleur rouge symbolisant la gauche (socialisme, communisme)
- **le Mont Cassin** (p. 109): une abbaye au sud-est de Rome (Italie) où, entre le 17 janvier et 18 mai 1944, de violents combats entre Allemands et Alliés mènent à la destruction totale de l'abbaye

Vocabulaire thématique: quelques expressions pour vous aider …

la marche à la guerre

intensifier la propagande en faveur du rattachement des régions germanophones
menacer un pays/un gouvernement; miser sur la passivité des démocraties occidentales
faire des concessions pour éviter la guerre; essayer d'empêcher la guerre; signer les accords de Munich
envahir un Etat indépendant/l'Autriche/abandonner les Sudètes/la Tchécoslovaquie
annexer/rattacher l'Autriche à l'Allemagne, proclamer l'annexion de ce pays
signer un pacte de non-agression
déclarer la guerre à un autre pays; adopter une stratégie défensive

la guerre

le «Blitzkrieg» – la guerre éclair

donner l'assaut général; attaquer/envahir un pays; lancer les divisions blindées à l'attaque; lancer une attaque appuyée par l'aviation; utiliser les chars/l'infanterie/l'aviation; enfoncer rapidement les lignes ennemies/percer le front à plusieurs endroits/encercler les troupes ennemies; occuper un pays
bombarder les villes/les points stratégiques/détruire l'infrastructure/les ponts/les routes/les ports/les aéroports/les terrains d'atterrissage; occuper les centres de communication; s'emparer de la radio
semer la panique/démoraliser la population/dévaster une ville/tuer des civils
se replier vers le sud/subir une débâcle/accepter la défaite/cesser les hostilités/accepter les conditions du vainqueur/demander les conditions de l'armistice/signer la capitulation militaire/subir une humiliation

la libération de la France

rassembler des troupes en Angleterre; bombarder intensément la côte normande; écraser les défenses côtières; larguer des parachutistes; couper des lignes téléphoniques de l'ennemi; s'emparer des ponts et carrefours routiers; commencer le débarquement/lancer la première vague d'assaut/prendre d'assaut la falaise, neutraliser les fortifications des Allemands; s'infilter à l'intérieur du pays/déployer ses forces vers l'est/progresser rapidement vers la Seine; libérer la capitale

l'occupation

L'occupant: couper/morceler le pays en plusieurs zones; tracer une ligne de démarcation/instaurer un régime rigoureux/autoritaire; annexer l'Alsace et la Lorraine
accentuer la pénurie par des prélèvements, piller le pays; réquisitionner les locomotives/les wagons/les camions; tirer profit de la victoire militaire; acheter à des prix dérisoires des produits textiles/des bijoux/des montres/des œuvres d'art/des vins/des spiritueux

La population: avoir des difficultés à se nourrir/à se chauffer/à voyager/à se rendre à son travail; émettre des cartes de rationnement, soumettre les Français à un rationnement draconien; être obligé de vivre avec des restrictions: manquer de légumes/de fruits/de vin/d'énergie/d'essence/de charbon; remplacer les produits habituels par des «ersatz»; faire la queue devant les magasins/s'habituer à de longues files d'attente; trouver de la nourriture hors des circuits officiels/payer des prix exorbitants au marché noir/faire du marché noir

la Collaboration

installer un nouveau régime politique autoritaire; mettre en place la Révolution nationale; renouer avec les valeurs traditionnelles du travail, de la famille et de la patrie; condamner

les principes républicains comme la liberté, l'égalité et la fraternité; fouler aux pieds les valeurs démocratiques, interdire toute opposition démocratique; dissoudre les syndicats; surveiller la presse
accepter la défaite, obtenir un compromis avec l'occupant; se soumettre aux volontés des Allemands/à l'idéologie des nazis; accepter de collaborer avec les nouveaux maîtres; créer la Milice, se lancer à la chasse des juifs et des résistants;
appliquer le S.T.O. (le service du travail obligatoire); envoyer des milliers de jeunes Français en Allemagne; forcer les jeunes Français entre 21 et 23 ans à travailler dans des usines d'armement
promulguer un statut sur les juifs; traquer les opposants du système, poursuivre les réfractaires, recourir à la torture, participer à des rafles/des déportations/des exécutions

la Résistance
refuser la défaite; lancer un appel: continuer/poursuivre la lutte avec les Alliés/résister à l'ennemi; fonder le mouvement de la France libre/des Forces Françaises libres (F.F.L.)/créer le Conseil national de la Résistance (C.N.R.); informer les Français, donner espoir à la population/s'opposer à la montée du fascisme/protester contre l'injustice; réveiller l'opinion politique, chanter la liberté

La Résistance intérieure: organiser des manifestations et des grèves; lancer la presse clandestine/contredire la propagande allemande, imprimer et distribuer des tracts, ridiculiser/caricaturer l'ennemi/le système de Vichy/les collaborateurs; cacher un juif/un résistant/un réfractaire en fuite; refuser de parler la langue de l'occupant dans la rue; passer des messages clandestins/transporter des postes de radio/commettre des actes de sabotage; transporter des explosifs; faire sauter des installations militaires de l'armée allemande; tuer des soldats allemands/un membre de la Gestapo/de la milice
organiser la lutte armée; créer les Forces Françaises de l'Intérieur (F.F.I.), entrer dans le maquis, vivre dans la clandestinité/prendre des précautions/se déguiser/faire preuve de courage/de hardiesse/de présence d'esprit/d'abnégation de sa propre personne; être pris en otage, subir les représailles des nazis/une répression farouche; être arrêté/envoyé dans un camp de concentration/torturé/fusillé; éviter l'interrogatoire des SS/de la Gestapo, se suicider par peur de flancher/de lâcher des informations/de trahir les camarades de la résistance

La Résistance extérieure: donner naissance à la France libre, organiser la résistance hors des frontières de la France métropolitaine; créer les Forces Françaises Libres (F.F.L.), entrer en contact avec les colonies françaises en Afrique, coordonner les différentes activités, organiser des actes de sabotage et des attentats contre l'ennemi; aider à préparer l'invasion en Normandie/en Provence; participer à la libération du pays/de la patrie

l'antisémitisme
faire partie intégrante de l'idéologie nazie/des «lois raciales»; tenir les juifs pour responsables de la défaite allemande de 1918; développer la théorie du complot juif; prendre le juif comme représentant essentiel/primordial du capitalisme effréné qui est responsable de la débâcle boursière en 1929; en faire l'incarnation du mal
promulguer les «Lois de Nuremberg»/appliquer les mesures préconisées dans «Mein Kampf»; boycotter les commerçants, professeurs, avocats, médecins juifs; faire subir à la population juive des actes barbares et sauvages; interdire des «mélanges raciaux» et des «unions hors mariage», expulser les Juifs, confisquer leurs bien/réquisitionner leur fortune; pousser les juifs à l'émigration
organiser des pogroms dans toute l'Allemagne; détruire les magasins (Nuit de cristal), incendier les synagogues, profaner les cimetières; exclure les juifs de la communauté du

peuple allemand; faire l'objet d'une vaste campagne de boycott; subir la «loi de l'aryanisation; déposséder les juifs des entreprises/éliminer les juifs de la vie économique et intellectuelle; être frappé par des mesures discriminatoires; interdire aux juifs de visiter les musées, d'utiliser les transports publics, éliminer les juifs des écoles supérieures, les obliger à porter l'étoile jaune/mettre les juifs au ban de la société/discriminer les juifs/considérer comme une «race» inférieure/comme des criminels

mettre en œuvre la «Solution finale de la question juive», arrêter massivement la population juive/créer des ghettos; transporter/transférer dans des conditions inhumaines vers les camps de concentration/d'extermination; procéder à des exterminations radicales, liquider sur place; causer la mort par des travaux forcés et la famine/assassiner par fusillade ou gaz

Module 1

Le contexte historique: la France occupée

Die unterschiedlichen Eingangsvoraussetzungen und bisweilen auch geringe Kenntnisse historischer Zusammenhänge lassen eine Einführung nicht nur in den damaligen politischen, sondern auch sozioökonomischen Kontext der Besatzungsjahre sinnvoll erscheinen. Das Vorschalten dieser Hintergrundinformation bietet neben dem Vorteil einer inhaltlichen Situierung und Kontextualisierung zusätzlich die Möglichkeit einer gezielten sprachlichen Vorentlastung.

Diese für das Verständnis des Films sowohl grundlegenden (Daten zum 2. Weltkrieg) als auch ergänzenden Texte (Pétain/de Gaulle, Maßnahmen gegen Juden, Auswirkungen der Besatzung auf die französische Bevölkerung) werden in historischer Chronologie angeboten: Zunächst werden in Partnerarbeit die wesentlichen historischen Fakten zum 2. Weltkrieg anhand einer Internetrecherche zusammengestellt. Den Schülern wird dazu eine Liste mit ausgewählten Internetadressen (*Page à copier 1*) ausgehändigt, die es ihnen ermöglicht, die wesentlichen Geschehnisse übersichtlich aufzustellen. Folgende Daten könnten in dieser Aufstellung berücksichtigt werden (*Lösungen zu Page à copier 1*):

01.09.1939	L'Allemagne envahit la Pologne: début de la Seconde Guerre mondiale
03.09.1939	L'Angleterre, puis la France déclarent la guerre à l'Allemagne. La «drôle de guerre» commence.
10.05.1940	L'Allemagne lance une offensive à l'ouest: elle envahit les Pays-Bas, la Belgique, le Luxembourg et la France.
14.06.1940	Les Allemands entrent dans Paris.
17.06.1940	Pétain demande les conditions de l'armistice.
18.06.1940	Le général de Gaulle lance son appel afin de continuer le combat à partir de Londres.
22.06.1940	Le maréchal Pétain signe l'armistice – la France est coupée en plusieurs zones.
29.06.1940	Le gouvernement du maréchal Pétain s'installe à Vichy.
03.10.1940	Le gouvernement de Vichy proclame le «statut des juifs»
24.10.1940	A la suite de la rencontre avec Hitler, à Montoire, Pétain conseille aux Français de collaborer avec les occupants allemands.
22.06.1941	L'Allemagne attaque l'Union Soviétique.
20.01.1942	La conférence de Wannsee met en œuvre la solution finale de la question juive.
05.04.1942	La Gestapo s'installe en zone occupée.
29.05.1942	Les juifs sont obligés de porter l'étoile jaune en zone occupée.
16./17.07. 1942	La «rafle du Vél' d'Hiv» a lieu à Paris: à peu près 13.000 juifs sont arrêtés à Paris avec le concours de la police française, puis déportés vers les camps d'extermination

Le contexte historique

Servez-vous des sites Internet suivants pour connaître les faits historiques de l'époque de la Seconde Guerre mondiale et présentez-les en forme de tableau.

Ils vous serviront à mieux comprendre le contexte des deux films de Louis Malle *Au revoir, les enfants* et *Lacombe Lucien.*

Voilà les sites à consulter:

http://fr.wikipedia.org/wiki/Chronologie_de_la_Seconde_Guerre_mondiale

http://www.e-chronologie.org/monde/ww2.php

http://www.guerre-mondiale.org/Chronologie/accueil_dates.htm

http://www.1939–45.org/

http://www.atlas-historique.net/1914–1945/cartes/France1940–44.html

08.11.1942	Les Alliés débarquent en Afrique du Nord «Operation Torch».
11.11.1942	En réponse au débarquement des Alliés en Afrique, les Allemands occupent la zone libre. Klaus Barbie – «le boucher de Lyon» – devient chef de la Gestapo à Lyon.
30.01.1943	Laval crée la milice qui traque juifs, réfractaires et résistants.
02.02.1943	L'armée allemande subit une débâcle à Stalingrad. La 6e armée capitule.
15.02.1943	Le «Service du Travail Obligatoire» (S.T.O.) est instauré: il fournit à l'Allemagne des ouvriers qualifiés surtout pour l'industrie de l'armement.
08.07.1943	Jean Moulin, chef de la Résistance en France, meurt après avoir été torturé par Barbie.
10.07.1943	Les Alliés débarquent en Sicile «Operation Husky».
Sept. 1943	Les Alliés pénètrent dans la péninsule italienne.
08.10.1943	La Corse est libérée.
Janv. 1944	Les Alliés préparent l'opération «Overlord», le débarquement en Normandie.
06.06.1944	Les Alliés débarquent en Normandie.
15.08.1944	Les Alliés débarquent en Provence.
25.08.1944	Paris est libéré: on y acclame le général de Gaulle.
Fin Nov. 44	La France est libre – Strasbourg est libéré – l'Armée allemande quitte le territoire français.
08.05.1945	L'Allemagne capitule: c'est la fin de la guerre.

In Partnerarbeit können dann die wesentlichen Unterschiede in den Reden vom 17. Juni (Pétain) und 18. Juni (de Gaulle; s. *Page à copier 2*) erarbeitet werden. Die Dekodierung (lexikalische Erschließung der Texte) kann als Hausaufgabe geleistet werden, sodass die Textarbeit anhand eines aspektgeleiteten Arbeitsbogens (*Page à copier 3*) sofort vorgenommen wird.

Le maréchal Pétain: l'appel du 17 juin 1940

Français!

A l'appel de Monsieur le président de la République, j'assume, à partir d'aujourd'hui, la direction du Gouvernement de la France. Sûr de l'affection de notre admirable armée, qui lutte avec un héroïsme digne de ses longues traditions militaires, contre un ennemi supérieur en nombre et en armes; sûr que par sa magnifique résistance, elle a rempli nos devoirs vis-à-vis de nos alliés; sûr de l'appui des Anciens Combattants que j'ai eu la fierté de commander; sûr de la confiance du peuple tout entier, je fais à la France le don de ma personne pour atténuer son malheur.

En ces heures douloureuses, je pense aux malheureux réfugiés qui, dans un dénuement extrême, sillonnent nos routes. Je leur exprime ma compassion et ma sollicitude. C'est le cœur serré que je vous dis aujourd'hui qu'il faut tenter de cesser le combat.

Je me suis adressé cette nuit à l'adversaire pour lui demander s'il est prêt à rechercher avec nous, entre soldats, après la lutte et dans l'honneur, les moyens de mettre un terme aux hostilités.

Que tous les Français se groupent autour du Gouvernement que je préside pendant ces dures épreuves et fassent taire leur angoisse pour n'écouter que leur foi dans le destin de la Patrie.

http://www.charles-de-gaulle.org/dossier/18juin/temoignages/petain.htm;

Le général de Gaulle: l'appel du 18 juin 1940

Les chefs qui, depuis de nombreuses années, sont à la tête des armées françaises, ont formé un gouvernement. Ce gouvernement, alléguant la défaite de nos armées, s'est mis en rapport avec l'ennemi pour cesser le combat.

alléguer qc metre qc en avant, affirmer qc

Certes, nous avons été, nous sommes, submergés par la force mécanique, terrestre et aérienne, de l'ennemi.

être submergé,e être dépassé,e; être débordé,e par une puissance

Infiniment plus que leur nombre, ce sont les chars, les avions, la tactique des Allemands qui nous font reculer. Ce sont les chars, les avions, la tactique des Allemands qui ont surpris nos chefs au point de les amener là où ils en sont aujourd'hui.

Mais le dernier mot est-il dit? L'espérance doit-elle disparaître? La défaite est-elle définitive? Non!

Croyez-moi, moi qui vous parle en connaissance de cause et vous dis que rien n'est perdu pour la France. Les mêmes moyens qui nous ont vaincus peuvent faire venir un jour la victoire.

Car la France n'est pas seule! Elle n'est pas seule! Elle n'est pas seule! Elle a un vaste Empire derrière elle. Elle peut faire bloc avec l'Empire britannique qui tient la mer et continue la lutte. Elle peut, comme l'Angleterre, utiliser sans limites l'immense industrie des Etats-Unis.

Cette guerre n'est pas limitée au territoire malheureux de notre pays. Cette guerre n'est pas tranchée par la bataille de France. Cette guerre est une guerre mondiale. Toutes les fautes, tous les retards, toutes les souffrances, n'empêchent pas qu'il y a, dans l'univers, tous les moyens nécessaires pour écraser un jour nos ennemis. Foudroyés aujourd'hui par la force mécanique, nous pourrons vaincre dans l'avenir par une force mécanique supérieure. Le destin du monde est là.

trancher qc résoudre qc; décider qc

Moi, Général de Gaulle, actuellement à Londres, j'invite les officiers et les soldats français qui se trouvent en territoire britannique ou qui viendraient à s'y trouver, avec leurs armes ou sans leurs armes, j'invite les ingénieurs et les ouvriers spécialistes des industries d'armement qui se trouvent en territoire britannique ou qui viendraient à s'y trouver, à se mettre en rapport avec moi.

Quoi qu'il arrive, la flamme de la résistance française ne doit pas s'éteindre et ne s'éteindra pas.

Demain, comme aujourd'hui, je parlerai à la Radio de Londres.

http://www.charles-de-gaulle.org/dossier/18juin/temoignages/appel.htm;

17 et 18 juin 1940: De Gaulle face à Pétain

	Pétain	De Gaulle
Présentation des auteurs		
Document Texte		
Destinataires		
Construction du texte		
Les causes de la défaite		
Quelles décisions sont prises?		
Conséquences		

Lösungen zu Page à copier 3:

	Pétain	**De Gaulle**
Présentation des auteurs	Maréchal, nouveau chef de l'Etat français, le héros de Verdun (1916)	Général, en exil à Londres, un des plus jeunes généraux de brigade
Document Texte	Discours du 17 juin 1940	Appel radiodiffusé de Londres le 18 juin 1940
Destinataires	Le peuple français en France métropolitaine	Le peuple français dans le monde entier (empire colonial)
Construction des appels	1. partie: l'héroïsme des militaires et le don personnel que Pétain fait à la France 2. partie: le malheur des réfugiés le contact avec l'ennemi pour mettre fin aux hostilités	1. partie: reconnaissance d'une défaite (bataille ≠ guerre) et les raisons de cette défaite 2. partie: les ressources françaises, britanniques et américaines dans ce conflit devenu mondial 3. partie: continuation de la lutte: appel à la résistance
Les causes de la défaite	Ennemi supérieur en nombre et en armes	• une armée mal préparée et mal équipée • des chefs militaires pas prêts à affronter un nouveau type de guerre (guerre éclair → tactique, avions et chars)
Quelles décisions sont prises?	• Arrêt des combats à cause de la misère de la population en fuite sur les routes de l'exode • Signature de l'armistice	• Refus de l'armistice • Continuation de la guerre en s'appuyant sur → l'empire colonial français → l'empire britannique et → la force économique des Etats-Unis
Conséquences	La Collaboration avec l'Allemagne nazie	La Résistance intérieure et extérieure

Nach Erarbeitung der politisch-historischen Basis wird mit den zwei folgenden Texten das Interesse auf die Folgen der Kollaboration für die jüdische Bevölkerung und die Auswirkungen der Besatzung gelenkt. Die „mesures anti-juives" (*Page à copier 4*) können sowohl im Plenum als auch in Partner-/Gruppenarbeit anhand der Leitfragen (consignes) des bereits didaktisierten Textes (Vokabelhilfen) behandelt werden, wobei binnendifferenziert gearbeitet werden kann: die Behandlung der „mesures de Vichy" ist weniger anspruchsvoll als die „mesures de l'occupant". Den Schülerinnen und Schülern kann für diese Arbeit die vorgegebene Struktur ausgehändigt werden (*Page à copier 5*). Das Strukturbild wird nach Vorstellung der Schülerergebnisse im Plenum mit den Angaben der Reaktion der französischen Bevölkerung vervollständigt. Als Muster gilt der Lösungsvorschlag (*Page à copier 6*).

Les mesures anti-juives

Le 17 juillet 1940, quatre semaines à peine après l'armistice, les juifs étrangers sont éliminés du Service Public sur l'ordre de Vichy. Le 29 août, l'ambassadeur Abetz informe les autorités françaises que, selon la décision du *Führer*, les juifs ne doivent pas rentrer en zone occupée et que ceux qui y résident doivent être immédiatement recensés. Les magasins juifs doivent être signalés par des affiches jaunes. Pour les commerces dont les propriétaires sont absents ou en fuite, des gérants *«aryens»* doivent être nommés. Dans la seule région parisienne, 149.734 juifs sont recensés et se font apposer le tampon JUIF sur leur carte d'identité. On cite le cas du philosophe Henri Bergson, qui est presque mourant à l'époque et se considère depuis longtemps comme catholique, mais ne s'en présente pas moins au commissariat de police pour se faire recenser, en signe de protestation et de solidarité.

recenser la population compter et enregistrer les individus
le gérant une personne qui dirige une entreprise
apposer qc ici: mettre qc

Qui est juif? Le 3 octobre 1940, Vichy promulgue un *«statut des Juifs»*, qui adopte une définition raciale. Le lendemain, Vichy adopte une loi qui prévoit l'enfermement dans des camps de tous *«les étrangers de race juive»*.

promulguer une loi publier et appliquer une loi

Les juifs français de la zone occupée, une fois recensés, sont frappés de toutes sortes d'interdictions, à partir de la fin de l'année 1941:

- interdiction d'exercer presque toutes les activités économiques et commerciales
- interdiction de travailler dans la Fonction Publique,
- interdiction de franchir la ligne de démarcation, puis de voyager, de sortir entre 20 heures et 6 heures du matin.
- interdiction d'avoir le téléphone, une poste de radio, une bicyclette, de fréquenter les établissements de spectacle, les restaurants et cafés, les piscines, les bibliothèques, etc...

En zone non-occupée, les juifs sont également exclus de la plupart des activités économiques et commerciales. Vichy n'admet que quelques exceptions pour certaines catégories de juifs comme les anciens combattants de la première guerre ou les décorés de la campagne 1939–40. Le 23 mars 1941 est créé, à l'initiative de Vichy, le *Commissariat général aux questions juives*, chargé de réprimer *«l'influence juive»* dans la vie publique et de coordonner la politique anti-juive dans les deux zones.

un ancien combattant un soldat qui a fait la guerre de 1914–1918

Le 29 mai 1942, une ordonnance allemande institue le port obligatoire de l'étoile jaune en zone occupée. La population française, dans sa grande majorité, réagit par un mouvement d'indignation et de réprobation. Quelques-uns vont même mettre l'étoile jaune par solidarité, sans être juifs. La réaction populaire contre cette discrimination est si forte que les autorités allemandes ne vont pas réussir à imposer pareille mesure en zone non-occupée.

une ordonnance ici: un ordre
la réprobation un sentiment de refus et de révolte

Mais le pire reste encore à venir: la déportation massive des juifs dans les camps de la mort. Le 20 août 1941, la première rafle organisée par les polices allemandes et françaises a eu lieu en zone occupée. Dans le XIe arrondissement de Paris, plus de 3.000 juifs ont été arrêtés à leurs domiciles et ont été enfermés dans le camp de Drancy, dans la banlieue nord-est de la capitale pour attendre leur déportation. Le 20 janvier 1942, lors de la fameuse conférence de Wannsee, les dirigeants du Reich décident la *«solution finale de la question juive»*. Pour mener à son terme cette politique en France, les *«spécialistes»* allemands ont besoin du soutien massif de la police française. Il faut accentuer la pression sur Vichy qui se montre de plus en plus hésitant à prêter son aide à la politique de déportation. Eichmann en personne se rend à Paris pour préparer la *«grande rafle du Vel d'Hiv»* au cours de laquelle, le 16 et 17 juillet 1942, 15.000 juifs sont arrêtés par les policiers français, agissant avec plus ou moins de bonne volonté sur l'ordre des Allemands. Ils prendront tous le chemin de la déportation.

une rafle une arrestation en masse

Beaucoup de Français manifestent leur opposition active aux déportations, si bien que Vichy est amené à obtenir des autorités allemandes que soit rapportée la décision de déporter l'ensemble des juifs français de la zone occupée et que soit ralenti le rythme des déportations. Au total, plus de 75.000 juifs sont déportés de France entre mars 1942 et août 1944, c'est-à-dire un quart de la population juive. Si ce chiffre est, certes, inférieur à celui des quatre-vingt-dix pour cent de juifs polonais ou hollandais qui sont déportés dans les camps de mort, cette différence de pourcentage n'atténue en rien l'atrocité du crime contre l'humanité.

Helga Bories/Rolf Sawala, «J'écris ton nom: Liberté» – La France occupée et la Résistance, Schöningh Verlag, Paderborn 1983, pp. 35–36

1. Trouvez dans le texte les mesures anti-juives qui ont été prises par
- **le gouvernement de Vichy,**
- **les autorités allemandes.**

2. Faites ressortir l'escalade de la persécution à laquelle sont exposés les juifs français.

3. Décrivez les réactions de la population française face à ces mesures.

4. Quelles ont été les réactions du gouvernement de Vichy et des autorités allemandes face à l'opposition de la population?

Les mesures anti-juives

les mesures de Vichy	les mesures des autorités allemandes	les réactions de la population française

escalade des mesures contre la population juive:

↓ ↓ ↓

Les mesures anti-juives

les mesures de Vichy	les mesures des autorités allemandes	les réactions de la population française
17 juillet 1940: élimination des juifs du Service Public	*29 août 1940:* – recensement des juifs en zone occupé – tampon JUIF apposé sur la carte d'identité des juifs – affiches jaunes pour les magasins juifs – gérants «aryens» pour les magasins juifs en cas d'absence du propriétaire juif	protestations isolées (le philosophe H. Bergson)
03 octobre 1940: promulgation du «statut des Juifs»	*20 août 1941* première rafle en zone occupée: Paris (XIe): 3.000 arrestations, internement des juifs dans le camp de Drancy en vue d'une déportation	
23 mars 1941 création du «Commissariat général aux questions juives»	*décembre 1941* interdictions sur le plan commercial, économique, social et privé	
	20 janvier 1942 la conférence de Wannsee: «*la solution finale de la question juive*»	
décembre 1941 exclusion dans les secteurs économiques et commerciaux	*29 mai 1942* le port obligatoire de l'étoile jaune en zone occupée	indignation et réprobation
	16/17 juillet 1942 «la grande rafle du Vel d'Hiv»: arrestation et déportation de 15.000 juifs vers les camps d'extermination	opposition active de beaucoup de Français
escalade des mesures contre la population juive: ↓	↓	↓
restrictions ➡ exclusion de toute vie économique et sociale ➡ arrestation ➡ déportation		ralentissement du rythme des déportations; au total «seulement» 75.000 juifs déportés entre mars 1942 et août 1944

«Paris a froid, Paris a faim» (Paul Eluard, extrait de *Courage*)

Pour une partie du Tout-Paris, la vie sous l'occupation allemande ne semble pas être synonyme de souffrance, bien au contraire. Pour la grande majorité des Parisiens, les conditions de vie s'aggravent avec la guerre qui dure. Blocus anglais et prélèvements allemands créent une véritable pénurie. Les biens de consommation courante (vêtements, savon, charbon ...) deviennent vite introuvables. Le rationnement est instauré dès septembre 1940, et il frappe aussi et surtout les denrées alimentaires. Une classification selon l'âge et les besoins supposés en calories est établie. Les mairies distribuent des cartes [...] avec des tickets pour se procurer, selon les jours, du pain, du sucre, de la viande (les jours «avec»), mais aussi des chaussures, du tabac, etc. Le ravitaillement devient la première préoccupation des Parisiens. Très vite, les queues s'allongent devant les magasins, les rations diminuent et les ersatz (faux café, faux sucre, faux tissu) apparaissent. Un légume, le rutabaga, sorte de chou à faible valeur calorique, refait surface et devient le symbole du nouveau régime alimentaire.

Pour améliorer l'ordinaire il faut recourir au «système D» (grâce à de la famille ou des relations vivant à la campagne où l'on se procure plus facilement le nécessaire) ou au marché parallèle (et illégal), le marché noir. On peut y obtenir, mais à des prix sans cesse en hausse, ce que l'on ne trouve pas ou plus avec des tickets. D'une manière générale, et même si l'on n'en meurt pas, on a faim à Paris sous l'Occupation. Et de plus en plus car les rations baissent régulièrement. En 1940, les tickets pour un adulte donnent droit à 500 grammes de matière grasse par mois. Cette ration tombe à 150 grammes en 1944. Alors qu'avant guerre Paris recevait 1 200 000 litres de lait par jour, il n'en reçoit plus que 220 000 en juillet 1944. Nourrissons et adultes seront victimes de carences alimentaires.

Mais à la faim s'ajoute aussi le froid. Les hivers de l'Occupation furent particulièrement rigoureux (70 jours de gel à l'hiver 1940–1941) alors qu'on ne trouve pratiquement ni charbon ni bois de chauffage. Pour se réchauffer, le Parisien se calfeutre chez lui ou quitte son logement pour faire de la marche ou trouver refuge dans un lieu public fermé.

Les moyens de locomotion se limitent désormais au bus à gazogène et au métro toujours bondés. La bicyclette devient, en raison de la pénurie d'essence, le moyen de transport individuel par excellence, et l'on peut l'utiliser sous la forme de vélo taxi si l'on en a les moyens.

Enfin, la crainte de l'occupant, la multiplication des contrôles, les rafles et l'instauration du couvre-feu génèrent un fort sentiment d'insécurité dans la capitale. Il est renforcé par les alertes qui obligent les Parisiens à se ruer aux abris et leur rappellent que la France reste un champ de bataille possible. Les bombardements alliés font malheureusement des victimes dans la population civile, comme les 350 tués et les 500 blessés du premier bombardement de l'occupation, visant les usines Renault de Boulogne-Billancourt le 3 mars 1942.

Christine Levisse-Touzé, historienne, directeur de recherches associé à l'Université de Montpellier et directeur du Mémorial du Maréchal Leclerc de Hauteclocque et de la Libération de Paris/Musée Jean Moulin; http://www.paris-france.org/Musees/memorial/liberation_de_paris/THEMES/occupation/fo_t_02.htm

blocus anglais Avec leur navires de guerre les Anglais empêchent les navires de commerce d'entrer dans les ports français.
le prélèvement une partie de la production française est confisquée par les Allemands
la pénurie syn. de manque
denrées alimentaires *Nahrungsmittel*
se procurer qc *sich beschaffen, sich etwas organisieren*
le système «D» D vient de: se débrouiller – *sich zurechtfinden, klarkommen*

la matière grasse *das Fett*

le nourrisson syn. de bébé
une carence un manque

rigoureux, se très froid

le métro bondé le métro plein à craquer

une rafle *Razzia*
le couvre-feu l'interdiction de sortir à partir de 20 heures
générer qc faire naître, faire surgir
se ruer se précipiter dans

Indiquez les aspects de ces pénibles conditions de vie ainsi que les conséquences qu'elles entraînent pour la population.

Der diesen Zusammenhang abschließende Text (*Page à copier 7*) verweist auf die Folgen der Besatzung und des andauernden Kriegs für die französische Bevölkerung. Der lexikalisch-inhaltlich aufbereitete Text ist einfach zu strukturieren (Titel ➡ la faim/le froid) und in einer Einzelstunde bearbeitbar. Er hat den Vorteil, konkret auf im Film beschriebene Vorkommnisse zu verweisen und somit weitere Dekodierungsarbeit für den Film zu leisten. Folgendes Strukturbild mit den Lösungen kann den Schülern als Kopie ausgehändigt werden:

Lösungen zu Page à copier 7:

1. Paris a faim

causes: le blocus anglais et les prélèvements allemands (ll. 3/4)

conséquences:

- pénurie ➡ denrées alimentaires, vêtements, charbon, savon (ll. 4/5)
- rationnement ➡ classification selon l'âge (ll. 6/7), cartes avec des tickets (l. 8), les queues devant les magasins (ll. 10/11)
- ersatz ➡ faux café, faux sucre, faux tissu etc. (l. 11)
- recours au système «D» ➡ la famille, des relations vivant à la campagne (ll. 14/15)

↓ ➡ le marché parallèle, le marché noir (l. 16)

santé ➡ carences alimentaires, chez les adultes et surtout chez les nourrissons (ll. 22/23)

2. Paris a froid

- hivers rigoureux ➡ surtout 1940–1941: 70 jours de gel (l. 25)
- pénurie d'énergie ➡ manque de charbon, de bois, de pétrole (ll. 26, 30)
- transports difficiles ➡ bus à gazogène, métro bondé, la bicyclette (ll. 29/30)

↓

Le froid, la faim, la crainte de l'occupant, les contrôles,
les rafles et le couvre-feu
Les alertes et les bombardements des Alliés
La France reste un champ de bataille

↓

Souffrance et fort sentiment d'insécurité de la population pendant cette époque

Als Vertiefung dieser Lebensumstände kann als Abschluss ein Bild eingebunden werden, das den alltäglichen Überlebenskampf verdeutlicht (*Page à copier 8*). Dieser tägliche Kampf um die Grundversorgung wird zunächst beschrieben, anschließend kann eine Ausweitung in Form einer Textproduktion vorgenommen werden.

1. Décrivez le dessin en détail.
2. Travail créatif à partir de ce dessin. Une femme qui a fait la queue devant le magasin pendant deux heures et qui n'a pas eu de pain écrit une lettre à sa cousine Michèle qui vit à la campagne près de Passy-

sur-Eure en Normandie. Elle demande si elle peut passer quelques jours à la ferme de sa cousine.

Folgende Lösungen bieten sich an:

1. Une scène quotidienne sous l'occupation: la queue devant la boulangerie
Le dessin présent montre une scène caractéristique des années d'occupation en France. On voit une rue au coin de laquelle se trouve une boulangerie. Cette boulangerie est pratiquement assaillie par la population en quête de son pain quotidien. C'est une foule énorme qui converge vers ce magasin. Le fait que les gens se pressent à l'entrée de cette boulangerie montre à quel point la population a faim et qu'elle souffre de la pénurie générale. Cet attroupement est surveillé par trois soldats allemands armés de mitraillettes. Un peu plus loin, en remontant la rue, on voit flotter le drapeau allemand avec la croix gammée. La présence d'une «Kommandantur» et celle des soldats allemands permettent de conclure que cette ville se trouve en «zone occupée».

2. Chère cousine Michèle,

C'est avec beaucoup de gêne que je m'adresse à toi pour te demander une grande faveur. Tu sais que les temps sont difficiles en banlieue parisienne et je t'écris parce que je suis désespérée. Mon mari Marcel n'est toujours pas revenu, il est prisonnier de guerre quelque part en Allemagne du Sud. J'espère toujours son retour, la dernière lettre que j'ai reçue de lui remonte déjà au mois de juillet.
Je suis donc seule avec mes deux enfants, je n'ai pas de travail et les cartes de rationnement nous permettent juste d'avoir le strict minimum, ce qui ne suffit évidemment pas. La pénurie générale pèse: on n'a pas assez de charbon et il fait déjà bien froid pour un mois de décembre ici à Ermont. Et surtout, on a faim. Aujourd'hui encore, j'ai fait la queue pendant deux heures et quand ça a été mon tour il n'y avait plus de pain! Et acheter hors des circuits officiels m'est impossible: cela coûte trop cher pour moi, je n'ai pas cet argent. Je ne sais vraiment pas ce que je peux faire à manger à mes deux filles ce midi …
Donc ma question: est-ce que nous pourrions passer quelques jours chez vous dans votre ferme à Passy? Je sais que votre situation n'est pas brillante non plus, mais les gens à la campagne n'ont peut-être pas autant de difficultés que les citadins. Je ne peux pas m'adresser à ma sœur parce qu'elle habite toujours à Ollioules dans le Midi et que c'est trop loin. Mais vous, à Passy, vous êtes relativement près et je trouverai certainement un moyen pour venir chez vous.
Tu me ferais un très grand plaisir et me soulagerais d'un énorme souci si tu acceptais de nous accueillir quelques jours chez vous.
Je vous embrasse bien fort, toi, ton mari et tes enfants en attendant ta réponse

Marie

PAIN
BOULANGERIE

Module 2

Approche du film

Vor Einstieg in die Filmvorführung erscheint es sinnvoll, inhaltlich sowie methodisch gezielt auf die Filmrezeption vorzubereiten. Da bei der Behandlung des Films nicht nur der Text von Interesse ist, sondern auch filmtechnische Elemente zum Tragen kommen, sollte vor der Vorführung die entsprechende Lexik (cinélexique) eingeführt werden. Dies kann durch Ausgabe der *Page à copier 9* (Seite 1: les plans; Seite 2: les angles/la perspective et les mouvements de la camera) im Rahmen einer zu bearbeitenden Hausaufgabe erfolgen oder auch als Referat interessierten Schülern übertragen werden. Folgende „sites Internet" können – vornehmlich für Filminteressierte und Leistungskursschüler – als zusätzliche Informationsquelle dienlich sein:
http://users.skynet.be/fralica/refer/theorie/theocom/lecture/lirimage/cinema.htm
http://membres.lycos.fr/clo7/expression/cinema.htm
http://www.duke.edu/~dfbell/fr164voc.htm
http://simonnet2.chez-alice.fr/sitfen/cinema/cinema.htm

Im Folgenden werden die „pages de couverture" der Folio-Ausgabe einer genaueren Untersuchung unterzogen (*Page à copier 10*). Die Schüler sollen die kommerzielle Bedeutung des Umschlags, genauer der „première de couverture" sowie der „quatrième de couverture" erfahren.

1. Quelles informations se trouvent/peuvent se trouver sur la première de couverture? Quel est l'intérêt de mettre sur cette première page une photographie?
2. Quelles informations se trouvent sur la quatrième de couverture?

Folgende Elemente werden als Arbeitsergebnisse festgehalten:

1. **La première de couverture** contient/peut contenir des informations suivantes:
   - une illustration/une photo/un dessin
   - l'auteur (m)
   - le titre
   - le genre du texte (parfois)
   - l'éditeur (m)
2. **La quatrième de couverture** reprend des éléments de la première et donne des informations supplémentaires comme p.ex. sur
   - l'auteur
   - le titre
   - le contenu/le résumé/la vie de l'auteur/ses motivations/les opinions des lecteurs
   - l'éditeur
   - les prix remportés/le succès du livre
   - le prix/la catégorie de prix
   - l'ISBN

Petit cinélexique

Le metteur en scène (Regisseur) ou le caméraman ont à leur disposition plusieurs possibilités d'expression filmique:

1. **les plans**, qui règlent le *champ visuel* ou la distance entre la caméra et les personnages, les objets à filmer;
2. les différents **angles** de prise de vue;
3. les différents **mouvements** de la caméra.

1. Les plans (Einstellungen):

Le plan général (Weit): La caméra se trouve à une grande distance de l'objet filmé: une vue d'ensemble du paysage, des panoramas. L'homme ne joue qu'un rôle mineur et insignifiant.

Le plan large (Totale): Une vue générale de l'action, mais l'individu peut-être bien distingué. Ce plan permet au spectateur de s'orienter dans le lieu et dans le temps.

Le plan moyen (Halbtotale): La caméra se rapproche du sujet. L'être humain est filmé de la tête aux pieds. Le cadre devient plus important.

Le plan américain (Halbnah): L'individu est présenté de la tête jusqu'aux genoux. Il est montré dans des relations bien définies avec d'autres personnes.

Le plan rapproché (Nah): La personne est présentée de la tête jusqu'au ventre. A part l'expression du visage, les gestes surtout des mains sont importants.

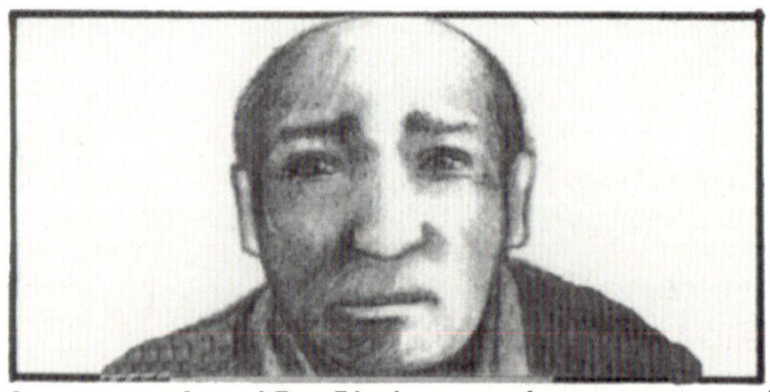

Le gros plan (Groß): La caméra se rapproche à un tel point que la majeure partie de l'écran est occupée par un visage ou l'expression du visage.

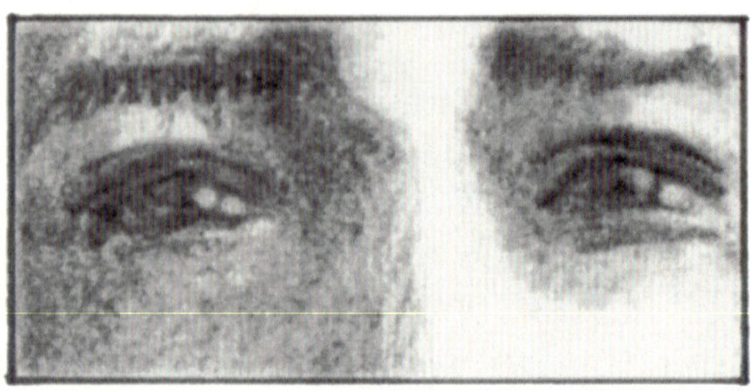

Le très gros plan (Detail): Quand il s'agit d'une personne, une partie du visage est visée comme p. ex. l'œil ou la bouche. Les très gros plans augmentent ainsi la tension.

2. Les angles (Perspektive):

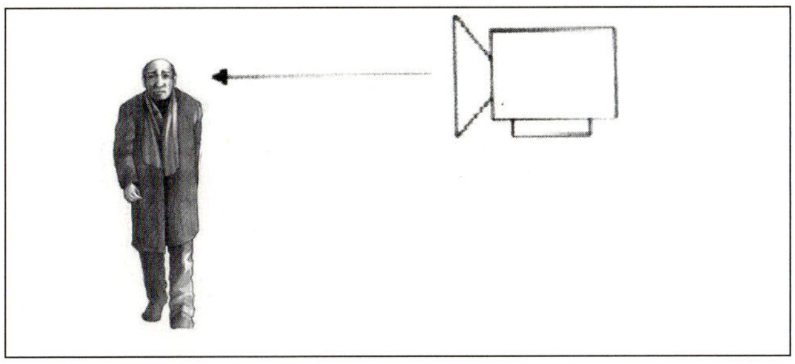

Prise de face du personnage/des personnages (Normalsicht):
C'est une perspective neutre qui sert de référence à d'autres angles.

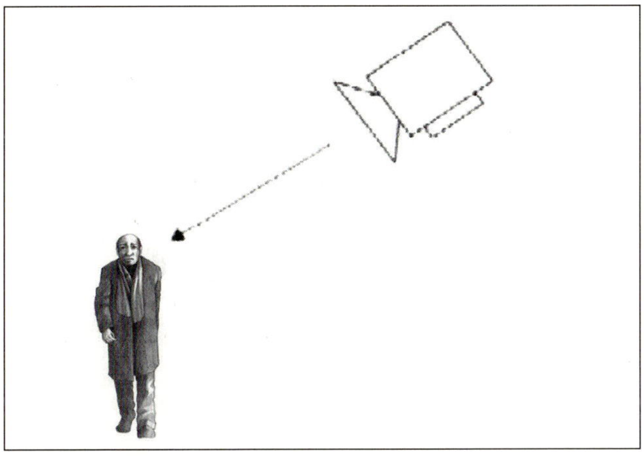

La plongée (Vogelperspektive):
La scène est prise du haut d'une grue (Kran); cette perspective diminue la hauteur du personnage, elle réduit son importance. La caméra domine la scène et le personnage, cette perspective peut souligner la fragilité du personnage.

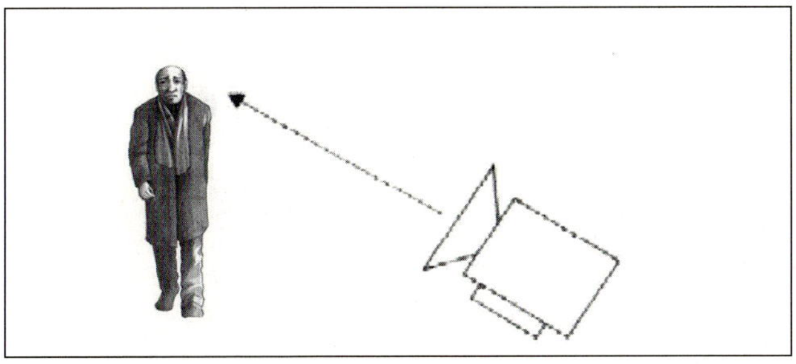

La contre-plongée (Froschperspektive):
La scène est prise de bas en haut; cet angle accélère l'action du film et rend le personnage plus important. On a l'impression que le personnage domine la situation.

3. Les mouvements de la caméra (Kamerabewegungen):

Il faut distinguer:

plan fixe:
la caméra est immobile

le **panoramique:**
le pied de la caméra est fixe, mais la tête est mobile, elle peut faire un tour complet de 360°

le **travelling:**
le pied de la caméra est mobile

le **travelling avant:**
la caméra filme d'avant en arrière

le **travelling arrière:**
la caméra filme d'arrière en avant

le **travelling latéral:**
la caméra se déplace horizontalement

le **travelling vertical:**
la caméra se déplace de bas en haut et de haut en bas

le **zoom:**
c'est un changement de focale qui permet de varier la valeur d'un plan

le **zoom avant:**
on rapproche un objet pour obtenir un gros plan (détail)

le **zoom arrière:**
on recule pour élargir le champ (plan général)

Comment s'approcher d'un livre au travers des couvertures?

La première de couverture

La quatrième de couverture

Louis Malle
Au revoir, les enfants

«*Au revoir, les enfants* s'inspire du souvenir le plus dramatique de mon enfance. En 1944, j'avais onze ans et j'étais pensionnaire dans un collège catholique, près de Fontainebleau. L'un de mes camarades, arrivé au début de l'année, m'intriguait beaucoup. Il était différent, secret. J'ai commencé à le connaître, à l'aimer, quand, un matin, notre petit monde s'est écroulé.
Ce matin de 1944 a peut-être décidé de ma vocation de cinéaste. J'aurais dû en faire le sujet de mon premier film, mais j'attendais. Le temps a passé, le souvenir est devenu plus aigu, plus présent. Après dix ans aux États-Unis, j'ai senti que le moment était venu et j'ai écrit le scénario d'*Au revoir, les enfants*. L'imagination s'est servie de la mémoire comme d'un tremplin, j'ai réinventé le passé, au-delà de la reconstitution historique, à la poursuite d'une vérité à la fois lancinante et intemporelle.»

L. M.

Au revoir, les enfants, film de Louis Malle.
Affiche de Baltimore d'après photo Jeanne-Louise Bulliard (Sygma).

folio
Texte intégral

9 782070 388738

ISBN 2-07-038873-5 A 38873 catégorie F6

1. Quelles sont les informations essentielles que contiennent les couvertures?
2. D'après vous, quel pourrait être le rapport entre la photo (la première de couverture) et le texte (la quatrième de couverture)?
3. Quelle est l'intention de l'éditeur?

In einem zweiten Schritt wird dann die „quatrième de couverture" genauer erarbeitet. Die Schülerinnen und Schüler werden erkennen, dass der Autor, Louis Malle, das Wort ergreift und der Inhalt autobiografische Züge enthält. In der Auseinandersetzung mit diesem kurzen Text sollen sie für kommerzielle Verfahrensweisen sensibilisiert werden, deren Zweck darin besteht, dem potenziellen Leser den Inhalt schmackhaft zu machen. Bei der ersten Kontaktaufnahme mit dem Buch wird durch das Bild auf der „première de couverture" Interesse geweckt. Der Text, der durch den autobiografischen Bezug reale Bezüge, somit Authentizität unterstreicht, bleibt in etlichen Passagen bewusst unklar, um den Leser zum Weiterlesen anzuregen und ihn zum Kauf des Buches zu bewegen.

Folgende Leitfragen können die Schüler bei der Bearbeitung dieser Passage lenken:

1. De quelle sorte de texte s'agit-il?
2. Indiquez l'évolution dans la vie de Louis Malle qui est suggérée dans ces lignes.
3. Faites ressortir des mots-clés ou phrases-clés.
4. Pourquoi prête-t-on la parole à Louis Malle lui-même?
5. Présentez les faits de ce janvier 1944 ainsi que les conséquences pour la vie future de Louis Malle.

An der Tafel könnte folgende Struktur entwickelt werden:

Un événement autobiographique

les faits	→	**les conséquences**
en janvier 1944 «le petit monde de Louis Malle âgé de 11 ans s'est écroulé»		il veut devenir cinéaste,
↓		↓
		créer un film, réinventer le passé,
		↓
le «souvenir le plus dramatique de son enfance»		porter à l'écran «une vérité lancinante et intemporelle»

Die in der Struktur unterstrichenen Schlüsselbegriffe verweisen durch die Metaphorik (monde écroulé), die Verwendung des Superlativs (le plus dramatique) sowie den Gebrauch expressiver Adjektive (lancinant, intemporel) auf die Außergewöhnlichkeit des Erlebten. Diese persönliche Erfahrung unterstreicht die Authentizität des Werks und regt die Neugier des Lesers weiter an.

Da die Schülerinnen und Schüler den Inhalt zu diesem Zeitpunkt noch nicht kennen, können sie aufgefordert werden, im Rahmen einer produktiven Aufgabe Hypothesen über „le **petit** monde qui s'est **écroulé**" sowie „le souvenir le plus **dramatique**" zu formulieren.

Die Vermutungen werden zunächst gesammelt und nicht weiter kommentiert, die Schüler jedoch auf das Wiederaufgreifen ihrer Ideen zu einem späteren Zeitpunkt hingewiesen. Die Verifizierung der Annahmen der Schüler und somit der Rückbezug zum Text erfolgen nach der Präsentation des Films, wenn die Aussagen von Louis Malle nochmals (siehe Module 5) vertieft werden. Dies erfolgt im Rahmen der Entschlüsselung der latenten Information, nämlich der Frage nach der „vérité lancinante et intemporelle", die zum jetzigen Zeitpunkt nicht geklärt werden kann.

Zum Abschluss dieser ersten Auseinandersetzung mit den „pages de couverture" könnte den Schülern folgendes ausformuliertes Muster übergeben werden:

> **La première et la quatrième de couverture** ont pour but d'éveiller notre intérêt, de nous amener à prendre en main le livre, à jeter un coup d'œil dedans et à l'acheter, à le lire et à voir – bien sûr – également le film. En l'occurrence, le lecteur se rend compte que les deux jeunes garçons sur la première de couverture font allusion au vécu de Louis Malle décrit sur la quatrième de couverture. Ces visages rapprochés et surtout les regards des deux adolescents intriguent l'observateur; il veut connaître l'histoire des deux adolescents.
> C'est surtout **la quatrième de couverture** qui donne des informations supplémentaires sur l'histoire authentique qui va être racontée. Elle contient des indices un peu imprécis et vagues, mais dramatisants parce qu'ils font allusion à un événement décisif de la vie de Louis Malle. En l'occurrence on laisse la parole au célèbre cinéaste qui évoque avec beaucoup d'insistance un moment pénible de son enfance qu'il a – après de longues hésitations – porté à l'écran. Le fait qu'il s'agit de la Seconde Guerre mondiale et d'une période bouleversante et dure à vivre (ce qui est souligné par le choix des adjectifs et des verbes) éveille chez le lecteur le désir d'en apprendre davantage: il veut savoir ce qui se cache derrière ce monde lointain qui – un matin de janvier 1944 – s'est brutalement écroulé et qui l'a marqué pour toute la vie, qui le pousse probablement à devenir cinéaste et à faire – avec un recul de plus de trente ans – un film qui recrée ce moment douloureux de son enfance. De plus, ce qui touche le lecteur potentiel est le fait qu'il ne s'agit pas d'une simple fiction, mais d'une histoire authentique qui, après tant d'années, a bouleversé la vie de Louis Malle à un tel point qu'il dit à la fin de son livre: «Plus de quarante ans ont passé, mais jusqu' à ma mort, je me rappellerai chaque seconde de ce matin de janvier.»

Module 3

Le film

Die Erarbeitung dieses zentralen Bereichs beginnt mit der Vorführung der Sequenzen 1–3, die den Abschied Juliens von seiner Mutter auf dem Bahnsteig, die Fahrt mit dem Zug nach Fontainebleau und die Ankunft in dieser Kleinstadt beinhalten. Diese Sequenzen führen nicht nur in den Inhalt ein, sondern ermöglichen des Weiteren eine methodische Schulung. Vor dem ersten Vorspielen können die Schülerinnen und Schüler nach ihren Erfahrungen mit dem Medium Film gefragt werden. In den Antworten wird der narrative Charakter des Films deutlich; Aspekte wie „personnages, lieux, actions etc." werden thematisiert und in der dann ausgeteilten Struktur zur Sequenzierung des Films deutlich (*Page à copier 11*).

Nach Vorspielen der Sequenzen 1–3 werden gemeinsam die jeweiligen Bereiche zugeordnet. An diesem Beispiel erfahren die Schüler, wie ein Film sinnvoll in seine Bestandteile zerlegt werden kann. Aus dieser modellhaften Zuordnung kann zwei Leistungskursschülern die (längerfristige) Aufgabe erteilt werden, den „séquencier" für den gesamten Film zu erstellen; für den Grundkursbereich ist anzuraten, den „séquencier" sukzessive oder nach Präsentation des gesamten Films den Schülern auszuhändigen.

Erwartungshorizont zu Page à copier 11:

N°	minutes	moment	lieu	personnages	actions	remarques
1	0.09	03.01.1944	Paris Gare de Lyon Le quai	Mme Quentin Julien François	Scène de départ Vacances de Noël terminées Julien doit quitter sa mère	**Scène attendris-sante entre le fils et la mère avant le départ du train**
2	1.56		En train	Julien	Julien dans le train; il regarde le paysage et pleure	Générique/ paysage hivernal
3	3.18		Une petite ville d'Ile-de-France	Le père Michel Les garçons Deux soldats allemands	En route vers l'internat Le collège Saint-Jean-de-la-Croix	

Nach dieser kurzen Einführungsphase wird dann der erste Block vorgespielt. Da es sich immerhin um eine Dauer von ca. 33 Minuten handelt, müssen Beobachtungsaufgaben angegeben werden, um die Rezeption zu kanalisieren. Diese Aufträge beinhalten die folgenden Leitfragen:

Séquencier: *Au revoir, les enfants*

N°	minutes	moment	lieu	personnages	actions	remarques
1						
2						
3						

1. Quels sont les personnages les plus importants? Pourquoi, à votre avis?
2. Quelles catégories de personnes y a-t-il dans ce film?
3. Quels sont les lieux? Faites-en une liste.
4. Quels sont les événements les plus marquants dans cette première partie?
5. Pourquoi cet arrêt à cet endroit du film?

Ziel dieser Aufträge ist es, das Interesse auf das Wesentliche zu fokussieren. Erkannt werden sollen als wichtige Personen zunächst einmal Julien, aus dessen Sicht das Geschehen präsentiert wird, sowie Jean Bonnet, der Neuankömmling; als Kategorien können angegeben werden „les élèves", „les professeurs" et „les pères" sowie „les miliciens" und „les soldats allemands".
Dem Internat können zugewiesen werden: „les salles de classe, le réfectoire, le dortoir, la cour, la chapelle, la cave", außerhalb des Internats als Örtlichkeiten „les bains publics, la rue".
Die Schüler werden den vornehmlich deskriptiven Charakter dieses Bereichs benennen, der durch das Eindringen der Miliz in das Kloster durchbrochen wird. Da mit dem Erkennen der wahren Identität des Jean Bonnet der erste Block endet, wird auch die Thematik des Films mit dem Eindringen der Miliz in das Kloster, auf das der Père Jean in einem Telefonanruf vorgewarnt wurde, nochmals verdeutlicht. Diese Szene mit ihrem Verweisungscharakter zur Schlussszene sollte dann auch näher unter filmischen Aspekten analysiert werden.

Als Ergebnis könnte festgehalten werden:

1., 2. Les personnages à l'intérieur:

Les protagonistes:	Julien Quentin, Jean Bonnet
Les élèves:	les élèves de quatrième, les grands
Les professeurs:	M. Tinchaut, M. Guibourg, Mlle Davenne et Moreau
Les pères:	Jean, Michel et Hippolyte
Le personnel:	Mme Perrin, Joseph

Les personnages à l'extérieur:

La famille:	Mme Quentin, la mère
Les miliciens	
Les soldats allemands	

3. Les lieux:

L'intérieur de l'internat:	les salles de classe, le réfectoire, le dortoir, la cour, la chapelle, la cave
L'extérieur de l'internat:	les bains publics, la rue

4. L'histoire:	à dominante descriptive, une partie événementielle (séquence 23)

Den Schülern wird bei Einbezug dieser wesentlichen Bezüge der Auftrag gestellt, die Textpassage von Seite 9 bis 60 zu lesen. Um das Textverständnis abzusichern, kann ein Test (vgl. *Page à copier 12*) das für die weitere Arbeit notwendige Detailverstehen überprüfen. Weitere Einsatzmöglichkeiten sind eine begleitende Hausaufgabe oder auch eine Bearbeitung des Arbeitsblatts als Partnerarbeit im Unterricht.

Pages 9–60: test de compréhension

nom: ______________________

Soulignez la bonne solution/les bonnes réponses (s'il y a plusieurs possibilités). Ajoutez la réponse si les propositions ne conviennent pas.

1. L'histoire qui est racontée se passe en mai 1943/décembre 1943/janvier 1944/______________
2. Le directeur du collège est le Père Michel/Jean/Hippolyte/______________
3. Julien Quentin est élève de cinquième/quatrième/troisième/______________
4. L'ami de Julien s'appelle Sagard/Boulanger/Pessos/______________
5. Le père de Julien a une usine à Rouen/Paris/Amiens/______________
6. Le nouvel élève qui intéresse Julien s'appelle Négus/Dupré/Ciron/______________

   ____
7. M. Davenne est prof' de latin/le surveillant/un résistant ______________
8. Les «babasses» sont: les membres de la Milice/de la Gestapo/les professeurs/______________

   ____
9. Joseph, le garçon de cuisine, a 17/19/20 ans/______________
10. Il trafique avec les confitures/les timbres/la pénicilline ______________
11. Mme Perrin est la mère de Joseph/la prof de danse/la cuisinière ______________
12. François est le meilleur ami/un camarade de classe/le frère de Julien/______________
13. Moreau est un résistant/un membre de la Milice/un professeur/______________

    ____
14. Le S.T.O. veut dire
    - Section des Travailleurs Organisés
    - Sabotage des Tireurs d'élite de l'Occupation
    - Société des Transports de l'Orient

    ____
15. Les miliciens sont des partisans de de Gaulle/la police interne du régime de Vichy/une organisation internationale./______________

Die Bearbeitung dieses Arbeitsblattes hat den weiteren Vorteil, dass zusätzliche Textelemente im Rahmen der manifesten Informationsentnahme abgeklärt werden können. Die Ergebnisse werden präsentiert, korrigiert und kommentiert, den Schülern werden abschließend die Lösungen ausgeteilt.

Lösungen zu Page à copier 12:

1. L'histoire qui est racontée se passe en mai 1943/décembre 1943/janvier 1944.
2. Le directeur du collège est le Père Michel/Jean/Hippolyte.
3. Julien Quentin est élève de cinquième/quatrième/troisième.
4. L'ami de Julien s'appelle Sagard/Boulanger/Pessos.
5. Le père de Julien a une usine à Rouen/Paris/Amiens/*Il a une usine à Lille.*
6. Le nouvel élève qui intéresse Juliens s'appelle Négus/Dupré/Ciron/*Le nouveau qui intéresse Julien est Jean Bonnet.*
7. M. Davenne est prof de latin/le surveillant/un résistant: *Mlle Davenne est prof' de musique*.
8. Les «babasses» sont: les membres de la Milice/de la Gestapo/les professeurs/*Les «babasses» sont les prêtres Jean, Michel et Hippolyte.*
9. Joseph, le garçon de cuisine, a 17/19/20 ans.
10. Il trafique avec les confitures/les timbres/la pénicilline/et les cigarettes.
11. Mme Perrin est la mère de Joseph/la prof de danse/la cuisinière.
12. François est le meilleur ami/un camarade de classe/le frère de Julien.
13. Moreau est un résistant/un membre de la Milice/un professeur/*Moreau est un réfractaire qui se cache au couvent pour éviter le S.T.O.*
14. Le S.T.O. veut dire
    - Section des Travailleurs Organisés
    - Sacrifice des Tireurs d'élite de l'Occupation
    - Société des Transports de l'Orient

    – Service de Travail Obligatoire
15. Les miliciens sont des partisans de de Gaulle/la police interne du régime de Vichy/une organisation internationale.

Bei den Angaben zur Wichtigkeit der Personen wird sicherlich in Bezug auf Bonnet die Bemerkung fallen, dass dieser ein seltsames Verhalten aufweist, was die Aufmerksamkeit Juliens hervorruft. Dieser Beitrag kann zum Anlass genommen werden, im Rahmen der jederzeit parallelen Lektüre des „scénario" die Hausaufgabe zu stellen, den Text selektiv zu lesen und Beiträge zu sammeln, die auf dieses Verhalten verweisen:

Vous avez dit que Jean Bonnet a un comportement bizarre. Cherchez dans le texte des indices qui montrent des actes anormaux et qui révèlent que Jean n'est pas un élève comme tout le monde.

«Enfin, dit-il, il faut que vous sachiez une chose. Vous êtes juifs mais vous ne l'avouez jamais. Vous entendez: JAMAIS.»
Joseph Joffo, *Un sac de billes*, éd. J.-C. Lattès, 1973, p. 33

Jean Bonnet – un élève bizarre

Il subit – sans protester, sans se défendre – les moqueries, les insultes, les brimades de ses camarades. (pp. 12.25, 15.05, 19.05, 20.17 ff., 29.05)

Lafarge est son meilleur ami. (p. 24.01)

↓

Il ne prend pas de viande.
Il donne sa part à Navarre. (p. 28.02)

↓

Il fait des cauchemars. (p. 38.01)

←

Il prétend être protestant. (p. 48.16)

←

La lettre de la mère, qui connaît des difficultés (p. 42.14)

↑

Le Père Jean qui demande à Julien d'être gentil avec Bonnet (p. 45.11)

↑

Julien découvre que Jean Bonnet s'appelle Kippelstein.
Jean Bonnet est juif. (p. 60.04)

Conclusion: Jean Bonnet est juif. Il ne veut pas attirer l'attention pour ne pas être repéré. Il ne veut – en aucun cas – révéler son identité. Ceci mettrait en danger sa vie et causerait également de grands problèmes à d'autres personnes.

Nach Zusammentragen der Elemente könnte die auf der *Page à copier 13* abgebildete Struktur entstehen.
Danach kann das Interesse auf die Szene 23 gelenkt werden, die als einzige Passage den bislang beschreibenden Charakter durchbricht und Spannung vermittelt. Der „chapitrage" erlaubt einen schnellen Zugriff; vor Einspielen der Szene werden nochmals die filmästhetischen Mittel ins Gedächtnis gerufen (vgl. Module 2: plans, angles/perspectives, mouvements) sowie weitere (sons, couleurs, lumière) kurz thematisiert. Als Beobachtungsvorlage wird den Schülerinnen und Schülern die „fiche de travail" mit Leitfragen ausgehändigt (*Page à copier 14*), mit deren Hilfe die anschließende Bearbeitung zügiger abläuft und die ggf. auch ein binnendifferenziertes Arbeiten erlaubt.

Als Ergebnis könnte die im Folgenden abgedruckte ausgefüllte „fiche de travail" gelten, der noch ein Mustertext beigefügt ist, anhand dessen das Ineinandergreifen inhaltlicher und formaler (filmästhetischer) Mittel verdeutlicht wird.

Lösungen zu Page à copier 14:

Le petit monde de l'internat en danger: l'annonce d'une fin redoutée

Lieu	Contenu	La mise en scène: couleurs, lumière, plans	
	Moreau fait un cours de gymnastique avec les élèves de quatrième	Paysage hivernal, ciel gris, lumière terne, couleurs sombres	Plan général
L'enceinte	La porte s'ouvre, les miliciens font intrusion dans ce monde fermé	voir ci-dessus	Plan général
du collège	Moreau s'avance, regarde les miliciens, ralentit, se tait pendant un moment.	voir ci-dessus	**Plan rapproché** Fonction: montrer l'inquiétude dans le regard de Moreau
les murs qui	Le Père Jean arrive, s'adresse aux miliciens, proteste et se plaint de leur présence dans cette institution privée	voir ci-dessus	Plan général
entourent l'internat	Jean Bonnet s'immobilise, lance un regard vers les miliciens, Moreau le rejoint et le prend par le bras pour avancer	voir ci-dessus	**Plan rapproché** Fonction: montrer la peur de Bonnet
	Les miliciens se mettent à perquisitionner. Impuissance du Père Jean	voir ci-dessus	Plan général
le monde	Moreau va vers une porte, interrompt le cours de gym et quitte les élèves	voir ci-dessus	Plan américain sur Moreau
clos du couvent	Le Père Michel arrive en courant, prend Bonnet par le bras et rejoint Moreau; Julien regarde les trois disparaître	voir ci-dessus	Plan américain sur le Père Michel et sur Julien
menacé	Julien parle avec Joseph qui lui explique la raison de la présence des miliciens: Ils recherchent des réfractaires; Moreau en est un; Joseph se fait appeler par Mme Perrin	voir ci-dessus	**Plan américain** puis **rapproché** Fonction: montrer la curiosité et l'incompréhension de Julien

Etude de la séquence 23

1. Caractérisez en peu de mots l'univers du collège (le lieu).
2. Cette séquence comprend plusieurs phases: Décrivez ce qui se passe (contenu).
3. Indiquez les couleurs/la lumière qui prédomine(nt) (mise en scène).
4. Montrez que la distance entre la caméra et les personnages change. Quelle est l'intention du metteur en scène en changeant de plan (mise en scène)?
5. Donnez un titre à cette séquence.

Lieu	Contenu	La mise en scène: couleurs, lumière, plans

La scène montre clairement à quel point le petit monde créé par le Père Jean est fragile, où – avec l'intrusion des miliciens – le droit et la justice ne sont plus respectés. Suite à l'avertissement que le Père Jean a reçu auparavant (44.20 ff.), il se voit confronté à une perquisition de la part de la Milice, un danger imminent à l'intérieur de ce lieu où il pensait pouvoir protéger les enfants et Moreau. Le danger est souligné par la mise en scène: les vêtements foncés des personnages (élèves, prêtres, miliciens), le paysage hivernal, la neige grise fondante dans la cour et un ciel sombre sont les couleurs qui forment un ensemble cohérent avec la situation. Le choix des différents plan montre

- d'une part les éducateurs et élèves dans leur contexte social et géographique, c'est-à-dire dans leur rapport avec les autres (➡ plan général),
- d'autre part les protagonistes dans leur réalité intérieure et psychologique (➡ surtout le plan rapproché) qui dévoile l'inquiétude (Moreau), la peur (Bonnet), la curiosité et l'incompréhension (Julien).

Ces «manipulations» du metteur en scène focalisent l'intérêt sur les personnages importants notamment sur Bonnet. Le spectateur averti se rend compte que Bonnet, dont l'identité n'est pas encore dévoilée, a un problème qui échappe encore au jeune Julien.

Anschließend wird der 2. Filmkomplex gezeigt, der die Sequenzen 27–48 umfasst. Auch bei diesem Teil sollte die Filmvorführung durch Leitfragen begleitet sein, um die anschließende Bearbeitung der relevanten Aspekte zu beschleunigen. Diese „consignes" könnten lauten:

1. Quel est le sujet prédominant de cette partie?
2. Quel est l'événement marquant?
3. Quels sont les personnages qui méritent notre attention?
4. Quelles sont les séquences importantes? Justifiez votre choix.

Nach Vorspielen dieses Teils werden zunächst die Eindrücke gesammelt, danach sollten die wesentlichen Handlungselemente festgehalten werden. Dies könnte in der folgenden Form erfolgen:

1. Le sujet prédominant est l'évolution de la relation entre Julien et Jean.
2. L'événement marquant est la décision du Père Jean de renvoyer Joseph.
3. Les personnages importants de cette partie sont Jean, Julien, le Père Jean et Joseph, le garçon de cuisine.
4. Les séquences les plus importantes pour le développement de l'histoire sont:
   - le jeu de piste, où Jean et Julien affrontent les dangers du monde extérieur et se font ramener par une patrouille allemande; c'est le début d'une amitié profonde;
   - la messe au cours de laquelle le Père Jean s'attaque au matérialisme et lance son appel à la solidarité;
   - la scène au restaurant, où M. Meyer et Jean courent le risque d'être découverts et arrêtés;

- la décision injuste du Père Jean de ne sanctionner que Joseph et de le renvoyer.

Die Überleitung zur Sequenz 36, die einer eingehenderen Untersuchung unterzogen wird, kann durch folgenden Impuls erfolgen:

Comme dans la séquence 23, Jean connaît dans cette partie que vous venez de voir également des situations dangereuses. Lesquelles et comment réagit-il?

Mögliche Schülerantworten:

Séquence 29: Après avoir découvert le trésor, les deux amis se retrouvent seuls. Le soir, sur la route, une patrouille allemande les intercepte. Jean Bonnet a peur, il panique et essaie de s'enfuir.
Séquence 36: Dans le restaurant, la même peur se voit dans le regard de Bonnet lors de la vérification d'identité. Bonnet s'immobilise. Il suit – presque terrorisé – l'échange de paroles entre le jeune milicien et M. Meyer, il est incapable de réagir.

Als Impulse für die weitere Arbeit an dieser Sequenz könnten gegeben werden:

1. Mis à part le danger qu'encourent M. Meyer et Jean Bonnet, cette scène est importante à d'autres égards. Lesquels?
2. Selon quels critères peut-on analyser cette séquence?
3. Que représentent les personnes qui se trouvent au restaurant?

Nach Erarbeitung der Kriterien (Personen, Gruppenzugehörigkeit, Aussagen sowie Haltungen/Einstellungen) werden in Partner- bzw. Gruppenarbeit die Zuordnungen mithilfe eines Arbeitsblattes (*Page à copier 15*) vorgenommen, anschließend die Ergebnisse präsentiert, kommentiert bzw. korrigiert oder auch ergänzt. Im Anschluss daran kann die ausgefüllte Übersicht als Ergebnis übergeben werden (*Page à copier 16*).

Da im Rahmen der „exposés" (siehe Module 4) der Solidaritätsgedanke (Referat über den Père Jean, Sequenz 34) und die Auswirkung der Verweisung (Referat über Joseph) sowie die Bedeutung der Sequenz 29 (le jeu de piste) bei der Bearbeitung der Entwicklung der Freundschaft im Detail Berücksichtigung finden, wird es hier bei der kurzen inhaltlichen Angabe belassen.

Au Grand Cerf: le microcosme français (84.15–90.15)

personnes	groupe	actes/propos	attitudes/convictions/mentalités
M. Meyer Jean Bonnet			
Le maître d'hôtel Une femme D'autres voix			
Une voix (stridente)			
Les officiers allemands			
Les miliciens			
Mme Quentin			

Au Grand Cerf: le microcosme français (84.15–90.15)

personnes	groupe	actes/propos	attitudes/convictions/mentalités
M. Meyer Jean Bonnet	La minorité juive	M. Meyer écrase sa cigarette, sort son portefeuille, tend sa carte d'identité (87.23) Il a l'air si convenable, ce monsieur (88.04) Julien regarde Bonnet, Bonnet regarde Meyer (88.01–02)	M. Meyer ➡ attente et fatalisme, aucun signe de révolte Jean Bonnet ➡ anxiété, crainte dans le regard
Le maître d'hôtel Une femme D'autres voix	Les Français moyens	«Je ne peux pas le mettre à la porte quand même.» (88.08) «Laissez ce vieillard tranquille. C'est ignoble ce que vous faites.» (89.01–02) «Allez-vous-en ... vous n'avez pas le droit ...» (89.03–04)	➡ bon sens, gentillesse, compassion ➡ indignation et réprobation
Une voix (stridente)	Un partisan de Vichy	«Ils ont raison. Les juifs à Moscou!» (89.05–06)	➡ antisémitisme et ➡ anticommunisme de la droite française
Les officiers allemands	Représentants de la Wehrmacht	L'un deux lève son verre à son intention. (85.16–17) «Vous m'avez compris. Foutez le camp.» (89.14) Il est ivre, il a du mal à se tenir debout. (89.11)	➡ drague ➡ pouvoir et autorité ➡ jouisseur et profiteur
Les miliciens	Les collaborateurs actifs	«Dis donc toi, tu ne sais pas lire?» (87.25–26) «Toi, ferme-la, le loufiat. Je pourrais vous faire révoquer votre licence.» (88.10–11) «Nous sommes au service de la France, Madame.» (88.19) Il salue l'Allemand et se retire. (89.15–16) (à Meyer): «On se retrouvera!» (89.17)	➡ injures, mépris ➡ représailles, menace ➡ nationalisme de Vichy ➡ soumission ➡ esprit de vengeance
Mme Quentin	La grande bourgeoisie un peu pétainiste	«Personne n'est plus pétainiste!» (86.11) «Tais-toi, François!» (88.16) «On peut dire ce qu'on veut. Il y en a qui sont bien.» (89.20) «On n'est pas juifs, nous?» «Il ne manquerait plus que ça!» (90.03–04) «Remarquez, je n'ai rien contre les juifs, au contraire. À part Léon Blum, bien entendu. Celui-là, ils peuvent le prendre.» (90.11–13)	➡ allusion aux convictions passées ➡ prudence ➡ acceptation de l'occupant ➡ antisémitisme latent ➡ anticommunisme farouche de la grande bourgeoisie française

Es folgt der Schlussteil des Films mit der Präsentation der Sequenzen 49 bis 53. Dieser spannende Abschnitt soll an dieser Stelle lediglich einer inhaltlichen Bearbeitung auf der Ebene der manifesten Informationsentnahme unterzogen werden, weil Analyseaspekte in den Referaten thematisiert werden.
Im Rahmen der Dekodierung dieser Sequenzen sollte erarbeitet werden, dass

1. Julien seinen Freund versehentlich aufgrund eines Blickkontakts, durch den der Chef der Gestapo Bonnet als einen der gesuchten Juden erkennt, verrät;
2. Jean Bonnet seinem Freund diesen „Verrat" verzeiht mit der Bemerkung, dass er ohnehin keine Chance hatte;
3. der „réfractaire" Moreau entkommen kann;
4. Lafarge in der Krankenabteilung durch die Krankenschwester an die SS ausgeliefert wird;
5. Joseph als Verantwortlicher dieses Gestapoeinsatzes sich gegenüber Julien zu rechtfertigen versucht;
6. der Père Jean nicht nur für die illegitime Aufnahme der Juden, sondern auch für die Unterstützung der „Résistance" und auch als deren eventuelles Mitglied verhaftet wird;
7. die drei jüdischen Mitschüler und der Père Jean in Konzentrationslagern umkommen.

En français:
1. Julien trahit involontairement son ami en lançant un regard qu'intercepte le Dr. Muller.
2. Jean Bonnet pardonne à Julien cette «trahison» en alléguant qu'il n'avait pas de chance d'échapper à la Gestapo.
3. Moreau, le réfractaire, arrive à s'enfuir.
4. Lafarge est livré à la Gestapo par l'infirmière qui indique au SS où il se cache.
5. Joseph essaie de justifier son acte de trahison vis-à-vis de Julien.
6. Le père Jean est arrêté parce qu'il a caché des juifs dans son établissement et parce qu'on a trouvé chez lui des tracts de la résistance.
7. Le père Jean et les trois juifs meurent assassinés dans des camps de concentration.

Diese Dekodierung kann durch folgende Leitfragen gesteuert werden:

1. Qu'est-ce qui permet à Dr. Muller d'arrêter Jean Bonnet?
2. Quelle est l'attitude de Jean vis-à-vis de son ami après l'arrestation?
3. Qu'est-ce qui se passe avec Moreau?
4. Comment Lafarge est-il découvert?
5. Pourquoi Joseph parle-t-il à Julien?
6. Pour quelles raisons le Père Jean est-il arrêté?
7. Quel est le destin des quatre personnes arrêtées?

Module 4

Referate/exposés

Um die Textarbeit zu ergänzen und zu vertiefen, ist das Erstellen von Referaten anzuraten, auch mit Blick auf die Förderung kooperativer Arbeitsformen sowie wissenschaftspropädeutischen Arbeitens. In diesem Rahmen müssen Schülerinnen und Schüler sich mit komplexen Arbeitsbereichen auseinandersetzen, die die Planung von Arbeitsprozessen, die selbstständige Auseinandersetzung mit einer Thematik, die sachgerechte, systematische Aufbereitung eines Themas sowie die adressatenkonforme Präsentation der Ergebnisse in Form einer technologiegestützen Übermittlung (z. B. Beamer) umfassen.
Die Ergänzung der Textarbeit in Form einer eigenständigen Auseinandersetzung hat zudem eine Ökonomisierung zur Folge, weil die in diesem Modul aufgeführten Themenbereiche aus Zeitgründen nicht sukzessiv im Plenum ausführlich behandelt werden können. Anzuraten sind ein begrenzter Aufgabenbereich sowie in Einzelfällen – je nach Kompetenzen der Schüler bzw. des Kurses – methodische Hilfen für die Bewältigung komplexerer Aufträge.
Nach der Präsentation des Films und der manifesten Informationsentnahme wird das weitere methodische Vorgehen abgesprochen. Die Schülerinnen und Schüler werden aufgefordert, Anregungen für die anschließende Arbeit mit dem Film bzw. dem Drehbuch zu geben. Im Rahmen der Behandlung thematischer Schwerpunkte werden Längsschnittuntersuchungen zur Sprache kommen, die vor allem die Handlungsträger der erzählten Geschichte betreffen. Dabei sollte grundsätzlich zwischen den verschiedenen Kurstypen unterschieden werden.
Im **Grundkursbereich** ist die Beschränkung auf die Protagonisten anzuraten. Schüler werden die wichtigsten Personen (Julien Quentin, Jean Bonnet, le Père Jean und Joseph) benennen und sollen ihre Wahl begründen. Ebenso kann es angesichts der Heterogenität dieses Kurstyps ratsam sein, methodische Hilfen zur Erstellung einer Personencharakteristik zu erarbeiten. Diese sollte dann als Vorlage für die Erstellung der jeweiligen Angaben verwendet werden. In einer kurzen Erarbeitungsphase könnten mithilfe der folgenden Impulse Kriterien als Strukturhilfe für die zu erstellenden Referate ausgehändigt werden (*Page à copier 17*).

Quels sont les critères d'une caractérisation/d'un portrait?
Comment organisez-vous ces critères?
Par quel critère commence-t-on et pourquoi?

Dieses Strukturmodell sollte auf die Personen Julien Quentin, Jean Bonnet und den Père Jean angewendet werden. Die in Partnerarbeit vorgetragenen Portraitierungen werden gemeinsam korrigiert, modifiziert und ggf. ergänzt. Als Musterlösungen für die *Page à copier 17* in Bezug auf die zuvor genannten Personen könnten gelten:

<u>Le portrait de Julien Quentin</u>

1. les **informations générales:**
   - un garçon âgé de 11/12 ans, élève de quatrième du collège «Saint-Jean-de-la-Croix»
   - issu d'une famille aisée, de la grande bourgeoisie → une cuisinière, Adrienne (94.23)

Le portrait d'une personne

Quelques indications:

1. Cherchez dans le texte des **informations générales** sur la personne en question. Ces éléments sont p.ex. la naissance, l'âge, le rôle, la fonction, le statut de la personne.

____

____

____

____

____

2. Relevez dans le texte des indices – s'il y en a – sur **le physique** de cette personne: la taille, le poids, surtout le visage et son expression, les signes particuliers etc.

____

____

____

____

____

3. Cherchez dans le texte des informations sur **le contexte social**, les relations de la personne en question avec **son entourage, son comportement** vis-à-vis des autres.

____

____

____

____

____

4. Donnez des informations sur **le caractère** de cette personne: trouvez dans le texte des informations latentes/indices cachés/subtilités qui montrent les **sentiments**, les **opinions** et les **convictions** de la personne en question.

____

____

____

____

____

- la mère, une femme attrayante, vit à Paris
- le père, absent, directeur et propriétaire d'une usine à Lille dans le nord de la France
- le frère aîné, François âgé de 16 ans, qui a pour son frère des paroles souvent méprisantes
- des sœurs dont l'une s'appelle Sophie (58.09)

2. **le physique:**
   - un beau gamin/garçon, mince, plutôt petit et fragile
   - un visage régulier, lisse/un regard franc
   - toujours en uniforme, sauf pour la sortie au restaurant

3. les **relations** avec **son entourage, son comportement** vis-à-vis des autres:
   <u>Famille:</u>
   - un garçon qui est très attaché à sa mère et qui souffre de la séparation (→ énurésie; 37.08 ff., 97.13 ff., 98,06 ff.) et de l'absence permanente de son père
   - une relation plutôt distante avec le frère aîné qui a des paroles désobligeantes à son égard et qui se moque sans cesse de lui

   <u>Collège:</u>
   - très bon élève, de bonnes notes presque partout
   - un garçon respecté par ses camarades de classe pour son sens de l'humour, il amuse les autres (18.13–14, 28.12) et il a de l'influence sur ses camarades (45.12)
   - un élève apprécié par les professeurs, notamment le Père Jean qui compte sur lui pour intégrer Jean Bonnet; qui lui montre sa sympathie et qui a confiance en lui (45.12)
   - l'ennemi juré de Sagard, un élément antipathique qui embête tout le monde, surtout Jean Bonnet (29.05 ff.) et qui a des idées pétainistes et fascistes (46.10–11)

   <u>Joseph:</u>
   - trafique avec le garçon de cuisine, Julien est un des rares élèves qui ne le traite pas méchamment
   - prend ses distances à son égard quand il se rend compte de sa trahison (118.20 ff.)

4. **le caractère**, les **sentiments**, les **opinions** et les **convictions** de Julien:
   - un garçon ouvert, curieux et intelligent qui essaie de comprendre
   - sûr de lui, un peu arrogant (14.02–03)
   - sensible qui souffre de l'absence des parents; réaction physique (énurésie)
   - agacé et jaloux quand il doit accepter une concurrence inhabituelle (41.05, 56.17)
   - un jeune homme courageux qui ne trahit pas, qui veut sauver Lafarge (116.03–04)
   - esprit de justice et de probité: il recule devant Joseph qui a commis l'irréparable (118.07–119.04)

Le portrait de Jean Bonnet

1. les **informations générales rares, parfois hypothétiques:**
   - un garçon âgé de 11/12 ans, le nouveau qui arrive le 3 janvier 1944 au collège
   - élève du lycée «Jules Ferry» (59.16) à Marseille? (62.14) avant d'arriver au collège «Saint-Jean-de-la-Croix»
   - le père est prisonnier? (62.23), ancien comptable (47.14)
   - la mère vit en «zone libre» près de Lyon (?), elle est obligée de se cacher (42.15 ff.)
   - une tante vit avec la mère; les deux femmes ne peuvent pas quitter la maison (42.17)
   - il s'appelle en vérité Jean Kippelstein, un nom juif (60.04)
2. **le physique:**
   - un garçon mince, de taille moyenne
   - un visage normal, aucune particularité qui trahirait une appartenance à la «race juive»
   - toujours en uniforme, habillé comme les autres, il ne porte pas l'étoile jaune
3. les **relations** avec **son entourage, son comportement** vis-à-vis des autres:
   - un élève excellent, fort en mathématiques (33.04, 59.17), français (56.16), s'intéresse à l'anglais (13.10 ff.)
   - un garçon réservé qui devient à cause de son comportement bizarre le souffre-douleur des autres élèves: attaques verbales (48.18), agressions (13.01 ff., 20.17 ff.), brimades (15.04, 29.05–07) et méchancetés (55.19)
   - un élève apprécié et protégé par les professeurs (56.07 ff.) et les pères (54.11 ff.)
   - un garçon qui est obligé de mentir (48.16), de dissimuler et de s'esquiver (63.07 ff.)
4. **le caractère**, les **sentiments**, les **opinions** et les **convictions** de Jean:
   - un garçon studieux, sérieux et intelligent
   - un élève d'une grande sensibilité, doue pour la musique (41.01)
   - un jeune courageux qui affronte une situation inhumaine → solitude, soucis et peur permanente (105.22)
   - un garçon qui doit être prudent, même méfiant et considérer les autres comme des ennemis capables de le vendre à la Gestapo
   - un ami précieux qui pardonne à Julien ce regard «maladroit», regard qui l'a trahi et qui a pour conséquence sa déportation et sa mort (114.05 ff.)

Le portrait du Père Jean

1. les **informations générales:**
   - un homme de quarante ans (12.05)
   - le directeur du collège
   - un membre de l'ordre des Carmes

2. **le physique:**
- un homme au visage ascétique (12.06)
- un homme mince, une stature imposante (film)
- un homme toujours vêtu de la même robe brune

3. les **relations** avec **son entourage, son comportement** vis-à-vis des autres:
- un homme qui représente le père (absent) pour les élèves
- un directeur qui incorpore une autorité incontestée, un homme aimé et respecté
- un homme qui soutient et protège surtout les faibles
- un homme qui prêche et met en pratique le partage, la solidarité, la fraternité

4. **le caractère**, les **sentiments**, les **opinions** et les **convictions** du Père Jean:
- un homme intelligent, simple et authentique
- un homme très courageux: il proteste, il se révolte contre les injustices (53.13 ff.) et met sa vie en danger pour aider les persécutés (44.22 ff.)
- un homme inspiré d'un grand libéralisme, mais aussi un homme qui fait preuve de laxisme (Mme Perrin, les gosses de riches) et de fatalisme (45.03–04)
- un homme qui prend une décision fatale, injuste et contraire à ses convictions (102.04)
- un altruiste, idéaliste et humaniste qui lutte contre les injustices, le marché noir et le matérialisme (101.17 ff.)

Da hinsichtlich Joseph die Charakterisierung ausführlicher auf den Bereich des „contexte social oder relationnel" bezogen werden soll, kann den mit diesem Referat beauftragten Schülern eine methodische Hilfe (Struktur mit Arbeitsaufträgen) ausgehändigt werden (*Page à copier 18*).
Nach Besprechen des Referats kann die folgende Musterlösung angeboten werden (*Page à copier 19*).

Fiche de travail

1. Donnez une brève description de Joseph.
2. Résumez en peu de mots (derrière la flèche) les caractéristiques des personnes à qui Joseph a affaire.
3. Concrétisez ensuite l'attitude de ces personnes envers Joseph.
4. Indiquez les réactions de Joseph face à l'attitude des autres.

Joseph, 17 ans, …

grands au collège	*Mme Perrin*	*Fernande, sa fiancée*	*Père Jean*
➡	➡	➡	➡
•	•	•	•
•	•	•	
•	•	•	
•			

Réactions de Joseph:

Fiche de travail

«Joseph, qu'est-ce que tu manigances encore? Retourne aux patates» (25.09 f.)
«Plus ils sont riches, plus ils sont voleurs» (25.13)
«Couché, Joseph. A la niche, Joseph. Je suis pas un chien!» (66.18 f.)
«Et où je vais aller, moi? J'ai même pas où coucher.» (102.12 f.) «Y a que moi qui trinque. C'est pas juste» (103.01)
«Fais pas le curé, j'te dis. C'est la guerre, mon vieux» (119.02 f.)

Joseph, 17 ans, malingre, handicapé, allures et vocabulaire de titi parisien, effronté, exécute des travaux de garçon de cuisine. Mal payé, peu considéré, il trafique pour avoir un peu d'argent pour entretenir sa «fiancée».

Il subit de la part des/de/du

grands au collège	*Mme Perrin*	*Fernande, sa fiancée*	*Père Jean*
➡ fils de riches; hautains et arrogants	➡ autoritaire, alcoolique, hypocrite	➡ vulgaire, une putain (?)	➡ injuste envers Joseph acte = sévérité exemplaire
• les moqueries (30.01) • les escroqueries (25.04–05; 57.06 ff.) • les farces (29.18) • les méchancetés (30.03)	• les ordres (25.10) • les brimades (26.02) • les insultes (99.13) • les coups (99.12)	• la dispute dans la rue (92.10) • la ridiculisation (92.14) • la rupture (92.11)	• le renvoi (102.03)

↓

Réactions de Joseph face au mauvais traitement/aux humiliations que l'entourage lui inflige:

↓

Protestations, indignation, révolte (élèves), plainte, désarroi, désespoir après l'injustice infligée par le Père Jean; incapable de se défendre, il accepte cette décision et quitte le collège.

↓

Un pauvre diable, un jeune homme au bout du rouleau qui inspire pitié mais qui commet l'irréparable:

il trahit

Il contacte la Gestapo, il fournit des renseignements sur le collège (Moreau, le réfractaire/ les trois nouveaux), il devient «collabo».

↙ Un acte de vengeance?

↘ L'instinct de préservation, une nécessité pour survivre?

Im Rahmen einer weiteren methodischen Schulung (Bildbeschreibung, Hypothesenbildung) sowie einer sich anschließenden kreativen Ausgestaltung kann ein Bild eingebunden werden, das Joseph vor einem Hinrichtungskommando zeigt (*Page à copier 20*). Zu dem auf dem Bild dargestellten Sachverhalt könnte durch diese Impulse hingeführt werden:

1. Qu'est-ce qui se passe avec Joseph après la libération de la France?
2. Si vous étiez à sa place, que feriez-vous à l'arrivée des Alliés et des FFI (Forces Françaises de l'Intérieur)? Formulez des hypothèses!

Erwartet werden kann, dass die Schülerinnen und Schüler die grundsätzlichen Möglichkeiten der Flucht bzw. des Untertauchens oder aber des Sich-Stellens/Sich-Ergebens anzeigen. Falls Josephs Denunziationen bekannt geworden sein sollten und er in die Hände radikaler Resistance-Kämpfer fallen sollte, ist die auf dem Bild dargestellte Situation wahrscheinlich: Joseph wird ein kurzer Prozess gemacht, er ist mitverantwortlich für die Ermordung der drei Jugendlichen und des Père Jean und somit schuldig. Das Urteil lautete in diesen Fällen: Tod durch Erschießen.
Die Schüler sollen sich nun in die Situation Josephs versetzen, dem kurz vor Vollstreckung des Urteils die Möglichkeit einer letzten Stellungnahme gegeben wird. Der entsprechende Impuls könnte lauten:

Après avoir été arrêté et traduit devant la cour martiale, Joseph est condamné à mort. Le verdict est sans appel, il est appliqué dans les heures qui suivent. On voit Joseph attaché à un poteau, devant le peloton d'exécution qui est constitué par trois hommes des Forces Françaises de l'Intérieur (FFI). Peu avant d'être exécuté, il a une dernière fois droit à la parole. Qu'est-ce qu'il pourrait dire?

Mais enfin, je ne comprends pas et c'est une injustice. Vous n'avez pas honte? Pendant toute ma vie, j'ai été poursuivi par la malchance: mon infirmité, mes parents qui m'ont abandonné, ensuite cette connerie de guerre, ce sale boulot au collège, les humiliations et le renvoi ...
Déjà à l'école, j'étais sans arrêt la cible des mauvaises plaisanteries et quand on l'a fermée en juin 1940, je ne trouvais pas de travail. Qui veut embaucher un handicapé? C'est le Père Jean qui m'a donné ce petit boulot au collège, où j'avais juste à bouffer et mon lit. Et les saloperies continuaient là-bas aussi, il fallait supporter la Perrin, cette voleuse alcoolique, qu'est-ce qu'elle m'a fait c..., celle-là. Et ensuite ces gosses de riches qui se moquaient tout le temps de moi et qui me traitaient comme un chien. Eux, ils pouvaient tout se permettre parce qu'ils avaient du fric. Et pour me faire un peu d'argent pour sortir avec Fernande, je faisais du marché noir, et même là, ces salauds ne me payaient pas toujours les cigarettes que je leur fournissais. Et le jour, où j'avais piqué un peu de saindoux, cette salope de Perrin m'a surpris. Elle qui volait même plus que moi! On a fouillé mon armoire, on a trouvé la marchandise, on s'est retrouvés devant le Père Jean. Ils étaient tous dans le coup, mais c'est moi qui trinque. Ces sales gosses de riches s'en sortaient, mais j'étais le seul à être puni. Le Père Jean n'a pas osé les renvoyer, à cause de leurs pères, mais moi, le plus faible doit payer pour les autres. Et il le savait, il savait que la Perrin volait, il savait qu'ils m'ont insulté et frappé, mais il a fermé les yeux, tout le temps. C'est de la justice ça? Et c'est moi qui me retrouve dans la rue, moi, l'infirme. C'était l'hiver, je ne savais même pas où coucher, avec les quelques sous je pouvais tout juste me payer un

FFI
FFI

repas au buffet de la gare... Vous pensez que c'est charitable, de mettre quelqu'un dans la rue, de le laisser crever sur le trottoir?
Alors, c'est vrai, je suis allé voir les miliciens, ils avaient des soupçons, ils étaient déjà une fois au collège mais ils n'avaient rien trouvé. Il fallait que je me rende intéressant, il fallait leur donner des renseignements, sinon j'aurais été encore une fois à la rue. Alors je leur ai donné les noms des trois juifs et celui du réfractaire que le Père Jean avait cachés dans le collège. J'étais obligé de leur donner ces informations, qu'est-ce que vous auriez fait à ma place ? C'était la guerre, merde alors, il fallait survivre. Et dire que tout cela ne serait pas arrivé si le Père Jean ne m'avait pas renvoyé ...
Et vous voulez me tuer parce que j'ai essayé de sauver ma peau? Vous êtes encore pire que le Père Jean, vous n'êtes pas des justiciers, vous êtes des assassins, rien de plus ...

Im **Leistungskursbereich** ist aufgrund anderer Voraussetzungen (Interessenslage der Schüler, Stundentableau usw.) eine andere stoffliche Verarbeitung in Bezug auf Breite, Tiefe, Nuancierung der jeweiligen Wissensbereiche möglich. Deshalb werden für diesen Kurstyp hier **weitere mögliche Themen** angeboten, die die Schülerinnen und Schüler in Partner- bzw. Gruppenarbeit entwickeln können. Diese möglichen Themen betreffen

1. die genauere Untersuchung der sich verändernden Verhaltensweisen des Jean Bonnet,
2. den Père Jean (l'idéal et le tragique du Père),
3. das Portrait zweier „personnages secondaires", Mme Quentin et François.

Zu 1.: In einem **Leistungskurs** sollte eingehender auf die Scharnierfunktion der Sequenzen 29 und 30 eingegangen werden, die – auch was den zeitlichen Ablauf des Films betrifft – eine zentrale Funktion in der Entwicklung des Verhältnisses der beiden Jugendlichen einnehmen, bewirkt doch die Erfahrung der Außenwelt eine Annäherung und somit eine Änderung der bisherigen Verhaltensmuster des Jean Bonnet. Diese Bonnet bis zur Schnitzeljagd prägende Verhaltensweise kann durch ein Zitat aus dem Roman von Joseph Joffo *Un sac de billes* verdeutlicht werden, das die gesamte Tragik und auch Unmenschlichkeit der Lebensumstände der auf der Flucht vor der Gestapo sich befindenden Juden – in diesem Kontext jüdischer Kinder – zum Ausdruck bringt:
«Enfin, dit-il, il faut que vous sachiez une chose. Vous êtes juifs mais vous ne l'avouez jamais. Vous entendez: JAMAIS.»
Die Erarbeitung des Verhaltens von Jean Bonnet kann mithilfe der *Page à copier 21* angeleitet werden; die Musterlösung findet sich auf der *Page à copier 22*.

Zu 2.: Ein weiterer thematischer Komplex, der einer eingehenderen Betrachtung unterzogen werden könnte, ist die Person des Père Jean. Das diesen Humanisten bestimmende christliche Leitmotiv des Teilens (le partage) materieller Güter und somit der konkreten Anwendung der „charité/solidarité" durchzieht den gesamten Film (l'idée de partage: 16.16ff., 27.09ff., 74.12ff., 82.01ff., 101.16ff.). Dieses zutiefst christliche Gedankengut (Eucharistiegedanke) äußert er in ungewohnt scharfer Form (une diatribe 81.14) in seiner Predigt (80.10–82.12), die nach dem Strukturprinzip der klassischen Rede komponiert ist. Zwei guten Schülerinnen/Schülern kann mithilfe der beiden „sites Internet"

- http://membres.lycos.fr/alis/partdisc.htm
- http://www.unige.ch/lettres/framo/enseignements/methodes/rhetorique/rd232100.html

der Auftrag erteilt werden, die Predigt unter Zuhilfenahme einer Strukturvorgabe (*Page à copier 23*) sowie der Angaben zur klassischen Rede (Internetadressen) zu analysieren.

Le comportement de Jean Bonnet/Kippelstein

«Enfin, dit-il, il faut que vous sachiez une chose. Vous êtes juifs mais vous ne l'avouez jamais. Vous entendez: JAMAIS.»
Joseph Joffo, *Un sac de billes* éd. J.-C. Lattès, 1973, p. 33
Il a comme un tremblement de tout son corps. Julien: Tu as peur? Bonnet: Tout le temps. (105.20 ff.)

Comment survivre dans un monde hostile?

Pour ne pas révéler son identité, Jean Bonnet/Kippelstein doit faire usage de

L'insupportable solitude le fait abandonner ce principe.

L'expérience du monde du dehors (le jeu de piste pp. 67–74) lui rappelle cruellement la réalité: les deux rentrent morts de froid, paniqués et terrorisés (70.09; 72.03).
Jean Bonnet se lie d'amitié.

Le comportement de Jean Bonnet/Kippelstein

«Enfin, dit-il, il faut que vous sachiez une chose. Vous êtes juifs mais vous ne l'avouez jamais. Vous entendez: JAMAIS.»
Joseph Joffo, *Un sac de billes* éd. J.-C. Lattès, 1973, p. 33

Il a comme un tremblement de tout son corps. Julien: Tu as peur? Bonnet: Tout le temps. (105.20 ff.)

Comment survivre dans un monde hostile?

Pour ne pas révéler son identité, Jean Bonnet/Kippelstein doit faire usage de

prudence
- il est sur ses gardes (19.16)
- il ne se laisse pas provoquer (13.03 ff.)
- il évite toutes sortes de confrontations (29.08)
- il subit les railleries/les insultes (48.13)

mensonges
- il se fait passer pour un protestant (48.16)

esquive
- il évite les questions (62.18)

méfiance
- il refuse de donner des informations (63.09)
- il se referme (63.10)

L'insupportable solitude le fait abandonner ce principe.

L'expérience du monde du dehors (le jeu de piste pp. 67–74) lui rappelle cruellement la réalité: les deux rentrent morts de froid, paniqués et terrorisés (70.09; 72.03).
Jean Bonnet se lie d'amitié.

perte de son sang froid/son contrôle
- la bagarre avec Julien à l'infirmerie (79.01)

chamailleries, coups et rires entre adolescents
- la bagarre «amicale» dans la cour (83.16)

désir d'appartenir à une communauté
- Bonnet veut communier (82.16 ff.)
- il accompagne les Quentin au restaurant (84.15 ff.)

confidences mutuelles; confiance et amitié
- il recherche la compagnie de Julien (94.05)
- il s'intéresse à la famille de Julien (95.01 ff.)
- Julien avoue son énurésie (98.11)
- Julien et Bonnet font de la musique ensemble (104.11 ff.)
- Bonnet avoue sa peur (105.22)
- l'absence du père fait souffrir les deux (106.05 ff.)

↓

une amitié tragique ➡ le souci de Julien pour l'ami cause sa perte/son arrestation/sa déportation: involontairement Julien «trahit» Jean en jetant ce regard qu'intercepte le Dr. Muller

Le prêche du père Jean

Voilà les parties d'un discours suivant les règles de la rhétorique ancienne et classique. Montrez que le Père Jean a respecté cette construction classique dans son discours à la chapelle (80.10–82.12).

Les parties du discours:

1. l'exorde

L'exorde a pour fonction d'attirer la bienveillance (Wohlwollen) de l'auditoire, d'exposer le sujet du discours et parfois d'en indiquer les articulations essentielles.

____

____

2. la narration

Elle expose des faits concernant le sujet à traiter. Cet exposé doit paraître objectif. La narration nécessite clarté, brièveté, crédibilité.

____

____

3. l'argumentation ➡ la confirmation ≠ la réfutation

Cette argumentation regroupe les preuves qui sont énumérées/citées/choisies pour mettre en valeur son point de vue. Elle est suivie d'une réfutation qui détruit les arguments adverses. On y utilise:

- l'exemple,
- l'enthymème (syllogisme),
- l'amplification.

____

____

____

____

4. la péroraison ➡ la conclusion

Elle est la conclusion et met fin au discours. Elle synthétise l'argumentation et en appelle aux sentiments de l'auditoire (pitié, indignation). Elle peut se diviser en plusieurs parties:

- l'amplification où l'on insiste sur la gravité,
- la passion pour susciter passion ou indignation,
- la récapitulation où l'on résume l'argumentation.

____

____

____

____

Musterlösungen zu Page à copier 23:

1. Le Père Jean s'adresse aux croyants, en particulier aux plus jeunes qui vont faire leur première communion (80.10–13).
2. Le Père Jean décrit brièvement la situation dans laquelle se trouvent les Français de l'époque. (80.14–19). La situation désastreuse est mise en relief par le choix des verbes, des adjectifs et des substantifs négatifs/péjoratifs.
3. Dans cette partie (80.20–81.13) de son prêche – considérée comme une diatribe (81.14), le Père Jean montre l'incompatibilité entre richesses matérielles et salut de l'âme, incompatibilité qui est soulignée par l'emploi fréquent de l'antithèse. La richesse matérielle a des conséquences perverses sur l'homme, elle le détruit moralement. Elle est cause de malheur et de discorde entre les hommes. Pour étayer ces thèses, le Père Jean se sert d'exemples, notamment de l'Evangile (80.23–81.07)
4. Dans sa conclusion dont l'effet n'a pas laissé à désirer (un monsieur bien mis se lève et quitte la chapelle, 81.16), il insiste sur le partage des biens, sur le devoir de la charité – le partage (du corps du Christ) qui est l'élément essentiel de la communion. Son amour du prochain va encore plus loin dans la mesure où il englobe dans ses pensées même l'ennemi à qui il faut pardonner (82.12)

Im Rahmen der eingehenden Auseinandersetzung mit den Werten, die der Père Jean zu vermitteln versucht, kommt der Sequenz 43 (100.19–103.04) ebenfalls erhebliche Bedeutung zu. Joseph ist des Diebstahls bezichtigt worden; beim Durchsuchen seines Schranks wurden Gegenstände gefunden, die von Internatsschülern stammen und zum Tausch auf dem Schwarzmarkt bestimmt waren. Der enttäuschte Père Jean verdeutlicht nochmals sein Erziehungsziel, das bei den Schülern, unter denen sich auch Julien und sein Bruder François befinden, jedoch nicht gefruchtet hat:
«Pour moi, l'éducation, la vraie, consiste à vous apprendre à faire bon usage de votre liberté.» (101.17ff.)
Die Auswertung dieses Zitats könnte in folgender Weise erfolgen:

«Liberté» ne peut pas dire qu'on a le droit ou la possibilité de tout faire. Une pareille définition de la liberté serait simpliste, voire même absurde, parce qu'une liberté totale ou illimitée n'existe pas. L'homme est matériellement toujours limité, soit dans l'espace soit dans le temps, parce que l'homme est mortel.
Le Père Jean parle de «faire bon usage» de la liberté, il associe donc la liberté à une morale, à une éthique. La liberté est une valeur essentielle de l'homme, mais il faut la voir dans un contexte social et humain. «Liberté» implique toujours le bon emploi, vis-à-vis de sa propre personne et surtout vis-à-vis des autres.
«Liberté» comprend donc l'idée d'effort, de respect et surtout de responsabilité. On est responsable de soi-même, mais également des autres dont il faut s'occuper, qu'il faut soutenir et ceci surtout quand ils sont en danger.
Le Père Jean vit ce qu'il dit: le «bon usage de sa liberté» ou l'application de sa liberté l'oblige à aider des gens qui souffrent, qui sont persécutés et dont la vie est en danger. Il le fait tout en sachant qu'il peut être arrêté et interné lui-même, mais ceci est le prix qu'il faut parfois payer pour la liberté.

Folgendes Tafelbild könnte den geschilderten Sachverhalt verdeutlichen:

La conception manichéenne de la vie du Père Jean

Le bien	≠	le mal
↓	Pour lui, il faut	↓
appliquer la **charité** le partage l'aide/le soutien/ la défense des faibles	et	combattre le **matérialisme** les richesses personnelles l'argent le marché noir
↓		↓
garantissent le salut de l'âme		causent la perte de l'homme

↓

conclusion:
Il faut faire bon usage de la liberté
Bien agir veut dire: consentir librement à aider son prochain
La seule possibilité de réaliser le bonheur

Der Père sieht sich zu einer Entscheidung gezwungen, die mit den zuvor geschilderten Wertvorstellungen (solidarité, justice) nicht vereinbar ist. Zwei Kursteilnehmer können mit einem Kurzreferat mit der Aufgabe betraut werden: La décision du Père Jean et les conséquences de son verdict.

Die Abschlussbeurteilung dieses Sachverhalts könnte in folgender Struktur ihren Niederschlag finden:

«Je suis obligé de renvoyer Joseph, mais je commets une injustice» (102.03)
«... sous le regard du Père Jean, qui semble regretter la décision qu'il a prise» (103.03f.)

Le renvoi de Joseph: une erreur fatale du Père Jean

Joseph est coupable,	**mais:**
– Joseph a été surpris en flagrant délit de vol.	– Mme Perrin aurait dû prévenir plus tôt; elle n'est peut-être pas innocente.
– Il volait les provisions du collège.	– Les élèves sont également des voleurs.
– Il les revendait au marché noir.	– François – censé être plus intelligent que Joseph – se montre irraisonnable.

une injustice flagrante

Les plus faible est puni. ≠ Les fils des riches sont épargnés.

↓

Cette décision dure, impitoyable et inhumaine du Père Jean met Joseph dans une situation désastreuse.
La seule erreur du Père Jean – incompatible avec son altruisme/humanisme – aura des conséquences catastrophiques.

Zu 3. Weitere Referate können zu zwei weniger wichtigen Personen verteilt werden. Mme Quentin ist interessant, weil sie der Prototyp der „grande bourgeoisie" und der „droite française" zuzuordnen ist, keineswegs idealistisch denkt, sondern materiellen Zwängen verhaftet bleibt und sich in den vergangenen Besatzungsjahren mit dem System arrangiert hat.
Folgendes Portrait kann zur Mutter von Julien entstehen:

Le portrait de Mme Quentin

1. les **informations générales:**
   - une belle femme âgée de 40 ans (5.03)
   - une mère d'au moins quatre enfants (58.09: ses fils François et Julien, probablement deux filles dont une s'appelle Sophie)
   - une famille catholique, des parents en Alsace (la tante Reinach, 90.05)
   - une femme mariée à un industriel (usine de M. Quentin à Lille 58.12)
   - aisance, grande bourgeoisie ➡ une cuisinière qui s'appelle Adrienne (95.02) ➡ internat pour les enfants loin de Paris (Sainte-Marie pour les filles, 58.09)

2. le **physique:**
   - une belle femme qui attire les regards et l'attention des hommes (85.16)
   - une femme qui soigne son extérieur ➡ elle se maquille (5.11)
   - une femme qui porte des vêtements extravagants (chapeau compliqué, 5.09) et chers (la fourrure, 5.09)

3. les **relations** avec **son entourage, son comportement** vis-à-vis des autres:
   - vit partiellement séparée de son mari qui s'occupe de son usine à Lille
   - rend régulièrement visite à ses enfants – surtout à Julien qui est très attaché à sa mère
   - ramène toujours des confitures à Julien
   - aime la vie mondaine (la vie à Paris, les restaurants ➡ poisson, bordeaux; 84.20, 85.13)
   - est un peu crédule et a des vues simplistes; Julien et François se moquent d'elle et la mènent en bateau (91.12 ff.)
   - une femme superficielle et parfois inconsciente

4. le **caractère**, les **sentiments**, les **opinions** et les **convictions** de Mme Quentin:
   - catholicisme fervent ➡ garçons et filles dans des établissements religieux; elle et son mari seraient fiers à l'idée de voir Julien prêtre (92.21)
   - représentants de la droite, sympathie avec le pétainisme (86.11); opportunisme politico-économique, arrangement avec l'occupant (89.20)
   - anti-socialisme et anticommunisme ➡ Léon Blum (90.12)
   - antisémitisme latent de la grande bourgeoisie (90.03 f.)
   - respect des conventions et traditions, conscience de son rang social

Die Anwesenheit des älteren Bruders François in dem Internat hilft dem zwölfjährigen Julien, der unter der Trennung der Mutter leidet, mitnichten. Zu seinem Bruder hat Julien ein distanziertes, gespanntes, gar entfremdetes Verhältnis. Menschliche Wärme und herzliche Zuwendung dem jüngeren Bruder gegenüber sind bei François ebenfalls nicht feststellbar, was an der widersprüchlichen und voll pubertierenden Person des 16-jährigen Jugendlichen liegt.
Sein Portrait könnte wie folgt aussehen:

Le personnage de François

- **un jeune homme (16 ans) ambigu, en pleine puberté**
- **insolent/hautain/arrogant/cynique/méchant/imbu** de sa personne vis-à-vis de/des
  - ➡ sa mère: Il dévalorise sa mère, la considère comme une enfant: «Soyez sage» (7.09)
    Il la traîne dans la boue, la considère comme une putain: «Papa est tout le temps à Lille, elle doit s'envoyer en l'air» (75.15)
    Il lui impute des mauvaises intentions: «Vous leur avez tapé dans œil» (85.21)
    «Il a fait ça pour vous épater» (89.22)
  - ➡ son frère: Il le traite souvent de «petit con» (57.09; 64.18; 75.10), de «radin» (57.10), de «grand sentimental» (93.04)
  - ➡ prêtres: le commentaire lors de la messe matinale: «Quelle boîte» (16.10)
  - ➡ Joseph: Il ne lui paie pas les cigarettes (57.06 ff.)
    Il le traite de «crétin» (100.14)
  - ➡ camarades: Il se prend pour un intello, un philosophe: les allusion à Saint-Thomas, Bergson (64.08 ff.)

- **inconscient/irresponsable:**
  - ➡ au restaurant: la remarque/l'injure lancée aux miliciens «Collabos» (88.12), ce qui risque de mettre Bonnet dans une situation fatale
  - ➡ Il fait du marché noir, il fume sans arrêt, il donne le mauvais exemple aux plus jeunes. (7.05; 20.16; 57.04; 64.15; 101.26)
  - ➡ Il ne comprend rien aux intentions du Père Jean. (102.07–08)
  - ➡ Il envoie les soldats allemands dans une mauvaise direction. (91.08).

- **misogyne et pubertaire**, il veut affirmer sa personnalité à travers des **fantasmes sexuels:**
  - ➡ paroles: «Je te passerai *Les Mille et une Nuits*, pour t'apprendre à bander» (66.05 ff.)
    «Dis donc, elle est bandante, la sœur de Laviron. Je vais lui faire un frais» (93.12 f.)
    «... Les femmes, mon cher, c'est toutes des putes. Oh, pardon, ma sœur» (75.18 f.)
  - ➡ actes: Il essaie d'approcher par tous les moyens la prof' de musique, Mlle Davenne.
    Il demande à son frère de passer un message à la jeune femme. (66.01 ff.)
    Il se place près d'elle après la messe. (83.05 ff.)
    Il tente d'embrasser Mlle Davenne pendant la projection du film. (97.05)

Module 5

Approfondissement: vers d'autres dimensions

Nach der Auswertung der Referate werden in einer „phase de synthèse" **vornehmlich im Leistungskurs** zentrale thematische Aspekte nochmals aufgegriffen und ausgebaut. Diese betreffen teilweise Bereiche, die in den einzelnen Modulen bereits angeklungen sind, an dieser Stelle jedoch – unter Einbezug der gesamten Lektüre und auch des eigenen (erweiterten) Weltwissens – vertieft werden:

1. «la présence de la guerre» in Anlehnung an den «contexte historique» (Modul 1)
2. «la symbolique des lieux: le monde extérieur et intérieur» (Modul 3)
3. «la relation entre Julien et Jean: l'évolution d'une amitié» (Module 3 und 4)
4. «l'implication de Louis Malle: l'aspect autobiographique» (Modul 2)
5. «être juif – qu'est-ce que cela signifiait à cette époque-là?» als abschließende Wertung

5.1 La présence de la guerre

Zunächst wird ein Bezug zum im *Module 1* erarbeiteten „contexte historique" hergestellt, indem die Schülerinnen und Schüler angewiesen werden, das Drehbuch unter dem Aspekt der Gegenwärtigkeit des Krieges „quer" zu lesen. Dazu werden Kategorien erarbeitet, um die selektive Lesehandlung zu kanalisieren und ein ökonomisches Vorgehen zu sichern.

> Selon quels critères la guerre se manifeste-t-elle dans le film?
> Trouvez des catégories qui permettent de classifier des éléments divers.

Diese Kriterien können an Personen oder Fakten festgemacht werden, diese werden gesammelt und geordnet. Gruppenteilige Verfahren hinsichtlich der Bearbeitung der jeweiligen Kategorien (personnes ➡ soldats allemands, la Gestapo et les SS, la Milice et les collaborateurs, les résistants; faits ➡ répercussions sur la vie quotidienne, les dangers) bieten sich an.
Nach Zusammentragen der jeweiligen Elemente könnte synoptisch folgende Struktur entstehen:

La présence de la guerre

1. La présence des soldats allemands:
- les soldats à la gare de Lyon à Paris et dans la petite ville de Province (10.01)
- le jeune soldat allemand dans la cour du collège (19.18)
- les Allemands dans les bains-douches (48.02 f.)
- la patrouille dans la forêt qui ramène Jean et Julien au collège (71.17–74.15)
- les officiers de la Wehrmacht au restaurant «Le Grand Cerf» (84.15–89.22)
- un groupe de soldats allemands qui demandent des renseignements (91.02 ff.)

2. **La Gestapo et les SS:**
   - le Dr. Muller, Gestapo de Melun (110.14 ff.)
   - les Feldgendarmes (110.09 ff.)
   - la persécution/l'arrestation/la déportation/l'extermination des juifs (110.09 ff.)
   - les camps de concentration et d'extermination (123.12–17)
   - Radio-Paris (109.16–18)

3. **Milice et Collaboration:**
   - le S.T.O. et les réfractaires ➡ Moreau (53.04–55.08; 113.10 ff.)
   - les miliciens qui fouillent le collège (s. o.)
   - les deux miliciens dans le restaurent «le Grand Cerf» (87.19–89.17)
   - les mesures antijuives (47.18; 87.26)
   - la dénonciation ➡ le coup de fil (anonyme) 44.20 ff.), Joseph (118.07–119.04); ➡ l'infirmière (116.19)
   - le maréchal Pétain (46.04; 71.02; 86.11)

4. **La Résistance:**
   - la clandestinité (44.22)
   - le maquis (91.13)
   - les tracts de la Résistance dans le bureau du Père Jean (113.11)
   - la radio de Londres (109.07)
   - l'arrestation/la déportation /l'exécution des résistants et des juifs (123.12 ff.)

5. **Restrictions/interdictions/conséquences pour la vie quotidienne:**
   - les coupures d'électricité (13.14), l'absence d'eau chaude (14.18), le froid (p. 16.09)
   - la pénurie de vivres (16.09; 27.17; 84.23), le manque de vitamines (28.19, 43.23), les ersatz (50.19), le rationnement de toute sorte (85.01)
   - le trafic, le vol, le marché noir (25.02 ff., 29.16; 57.05; 99.20 ff.)
   - le couvre-feu/les patrouilles (71.13–74.15)

6. **Dangers de la vie sous l'occupation:**
   - les alertes aériennes, les sirènes, les abris dans les caves (33.16–36.08)
   - les bombardements et la D. C. A.: gares (35.09), casernes (35.10), usines (58.08)
   - les contrôles et les perquisitions (53.05 ff., 87.19 ff., 110.07 ff.)

5.2 La symbolique des lieux: le monde extérieur et intérieur

Die Überleitung zur „symbolique des lieux" lässt sich durch Rückbezug auf Zitate (cf. 53.13–19) des Père Jean herstellen, in denen deutlich wird, dass dieser mit seiner Absicht scheitert, einen Raum zu schaffen, der die Schüler vor den Gefahren der Außenwelt schützt. Nach Benennen dieser beiden Kategorien (le monde du dedans – le monde du dehors), der konkret zuweisbaren Orte (wiederum auch in Gruppenarbeit leistbar) und der Charakteristika/Funktionsweisen/Auswirkungen der Erfahrungen der jeweiligen „Welten" auf die Psyche könnte folgendes Strukturbild das Ergebnis der Untersuchungen widerspiegeln:

Les lieux

Le monde du dedans/l'intérieur	Le monde du dehors/l'extérieur
le collège	**les alentours d'une petite ville d'Ile-de-France**
• le dortoir • le réfectoire • la chapelle • la cour/la petite cour • les salles de classe	• la gare • le paysage • les rues de la ville • les bains publics • la nature (champs et forêts) • le restaurant

↓

Ce collège est un monde clos et protégé avec ses propres règles dirigé par des moines qui veulent appliquer les principes de la vie chrétienne:

respect de la vie, soutien, solidarité, charité

Le vocation des moines consiste à aider et à protéger les enfants, à leur donner une bonne éducation, mais cela n'empêche pas – à l'intérieur de cet internat – la mesquinerie, les enfantillages, les chamailleries, les moqueries, les brimades, la bagarre, la violence et même la cruauté entre les enfants.

↓

C'est surtout un monde froid ➡ *le paysage hivernal est prédominant* (et ceci au sens propre comme au sens figuré), dangereux et impitoyable où règnent ***la guerre, la terreur, la peur, l'oppression, la lâcheté, l'égoïsme, la dénonciation et la mort.***

L'intrusion du monde extérieur (déjà annoncée par la Milice, une perquisition illégale que le Père Jean ne peut pas empêcher) dans le petit monde protégé mène à la catastrophe: l'arrivée brutale de la Gestapo et des SS fait voler en éclats le système fragile que le Père Jean aurait voulu sauvegarder.

↘ ↙

Le monde clos et fragile est finalement détruit de l'intérieur parce que les prêtres ne sont pas conséquents dans l'application de leurs principes humanitaires (la charité/la solidarité/la bonté/le pardon) en renvoyant un des leurs: Joseph.
Ce monde jusqu'alors protégé s'ouvre finalement sur la mort (la déportation) et concourt à sa propre perte.
➡ le Père Jean est arrêté et le collège sera fermé

5.3 La relation entre Julien et Jean: l'évolution d'une amitié

Vor dem Hintergrund der persönlichen Involviertheit des Autors ist die Entwicklung der Freundschaft von Julien und Jean von essenziellem Interesse. Die Aufgabe besteht darin, die kurze Freundschaft, die am Abend des 3. Januar 1944 beginnt und im Verlauf desselben Monats endet, in den wesentlichen Etappen aufzuzeichnen. Die bereits vernommenen Ausführungen zu Jean und Julien sowie die Angaben zum sonderbaren Verhalten des Jean erleichtern das Erkennen strukturierender Phasen, sodass hinsichtlich der Entwicklung dieser Beziehung das auf der *Page à copier 24* abgedruckte Schema angefertigt werden kann.

Le développement de l'amitié tragique entre Julien Quentin et Jean Bonnet

Premier contact
Arrogance de Julien (14.03)

→

Approches et rivalités

Questions/doutes de Julien (45.14; 63.05 ff.)
Agacement (23.16)
Jalousie (41.05)
Curiosité (42.12; 59.08 ff.)

→

Expériences communes; désir de mieux connaître l'autre; Naissance d'une amitié

Le vécu des dangers du monde du dehors crée des liens entre eux
➡ peur, terreur, panique (70.22–74.15)
Intrusion de Julien dans la vie de Jean, mais refus ➡ bagarre (79.01)
Chamailleries et rires (83.18–84.13)
Contact avec la famille Quentin (invitation au restaurant 84.15 ff.)

→

La courte amitié entre eux

La confiance s'installe:
➡ Julien parle de son énurésie (98.13 ff.)
➡ Jean parle de sa peur permanente (105.22)
➡ les plaintes communes ➡ pères absents (106.05 ff.)
Intérêt communs/amusement ➡ la musique (104.11 ff.)
Préoccupation/inquiétude/souci de Julien (111.11 ff.)

↓

La fin tragique

Trahison involontaire de Julien (111.13)
Echange d'objets précieux (114.09 ff.)
Scène d'adieu: le pardon de Bonnet (114.05)
Déportation de Jean Bonnet (123.12 ff.)

5.4 L'implication de Louis Malle: l'aspect autobiographique

Das tragische Ende der Freundschaft leitet nahtlos über zur autobiografischen Dimension, die bereits kurz thematisiert wurde im Rahmen der Auswertung der „quatrième de couverture" (*Module 2*). Mit dem jetzigen Wissensstand und den zusätzlichen Erkenntnissen können die Leerstellen (*Page à copier 25*) erklärt und angereichert werden. Die Schüler verstehen nun, um welches „souvenir le plus dramatique" es sich handelt und wie die „vérité lancinante et intemporelle" eventuell zu verstehen ist. In einem gebundenen Unterrichtsgespräch werden die entsprechenden Anreicherungen vorgenommen, der Initiationsaspekt (le monde des adultes → la première confrontation du petit Julien avec la mort) wird thematisiert, bevor die fiktive Dimension verlassen und der Fokus wiederum auf Louis Malle gelenkt wird. Dabei kommt dem letzten Satz – gesprochen von Malle selbst – wesentliche Bedeutung zu: „... mais jusqu' à ma mort je me rappellerai chaque seconde de ce matin de janvier."
Der Impuls:

> Pouvez-vous imaginer pourquoi ce souvenir a **poursuivi** Louis Malle jusqu' à la mort?

lässt als mögliche Deutung die persönliche Verantwortung und ein Gefühl der Schuld zu, durch den Blick unabsichtlich den Freund verraten zu haben. Die auf der *Page à copier 26* abgebildete Struktur kann diesen Sachverhalt verdeutlichen.

5.5 Etre juif – qu'est-ce que cela signifiait à cette époque-là?

Die Lerngruppe soll die Abbildung auf der *Page à copier 27* (S. 84) beschreiben.

> **Erwartungshorizont zu Page à copier 27:**
> Sur fond de paysage hivernal, on voit à l'arrière-plan l'entrée du camp de concentration d'Auschwitz et le chemin de fer qui y mène. Sur les rails – au premier plan à droite – on peut distinguer des vêtements. Au premier plan à gauche, un prêtre tient dans ses bras – d'un geste protecteur – un jeune garçon qui jette un regard plein d'angoisse vers lui.
> Le rapport avec le film de Louis Malle est frappant: il s'agit du Père Jean qui protège dans ses bras un jeune garçon. Cette scène de désolation est non seulement mise en relief par le regard angoissé de l'enfant, mais également par les vêtements qui appartenaient à des juifs qui – arrivés dans ce camp d'extermination – ont dû abandonner leurs vêtements pour prendre le chemin des chambres à gaz. Ce camp occupe toute la largeur du fond, les rails du chemin de fer convergent vers la porte centrale, aucune issue ne peut être envisagée. En plus, les couleurs froides et dures dominent la scène: le noir, le gris et un blanc cassé dans ce paysage hivernal suggèrent ce qui attend les personnes qui arrivent à cet endroit: la mort.

Auf der Grundlage bislang erworbener Kenntnisse sollen sich die Schülerinnen und Schüler abschließend mit der Frage auseinandersetzen, was es zur damaligen Zeit hieß, Jude zu sein. Die Antworten werden gesammelt und z. B. wie auf der *Page à copier 28* angeordnet.

> Etre juif – qu'est-ce que cela signifiait à cette époque-là?

Un événement autobiographique

les faits → **les conséquences**

en janvier 1944 «le **petit** monde de Louis Malle âgé de 11 ans s'est **écroulé**»

↓

le «souvenir le plus **dramatique**» de son enfance

↓

•
•
•
•

il veut devenir cinéaste,

↓

créer un film, réinventer le passé,

↓

porter à l'écran «une vérité lancinante et intemporelle»

↓

•
•
•
•
•

Un événement autobiographique

les faits → **les conséquences**

en janvier 1944 «le petit monde de Louis Malle âgé de 11/12 ans s'est écroulé»

↓

le «souvenir le plus dramatique» de son enfance

il veut devenir cinéaste

↓

créer un film, réinventer le passé,

↓

porter à l'écran «une vérité lancinante et intemporelle»

Le «souvenir le plus dramatique» → la «vérité lancinante et intemporelle»

↓

- la trahison/la dénonciation
- la fin d'une amitié
- l'arrestation de Jean Bonnet (ami) et du Père Jean qui incarne le père
- la déportation et la mort

↓

- la méchanceté humaine
- la brutalité des hommes
- l'omniprésence du vice/du mal
- le racisme et la xénophobie
- la souffrance infligée aux plus faibles

↓

Un **film d'initiation** qui tire Julien de l'enfance et le jette brutalement dans le monde des adultes
Julien fait – pour la première fois de son existence – l'expérience de la **condition humaine:**
la **souffrance,** la **solitude** et la **mort**

↓

la souffrance/douleur qu'éprouve Louis Malle à cause de la disparition/la mort de son ami dont il se sent peut-être responsable

un sentiment de culpabilité?

Qui pourraient être les deux personnes de ce dessin?
Quel est l'endroit qui se profile derrière ces deux personnes?
Pour quelles raisons sont-elles à cet endroit?
Qu'exprime le regard du jeune garçon?

Etre juif – qu'est-ce que cela signifiait à cette époque-là?

Etre frappé de toutes sortes d'interdictions
– de travailler – de circuler
– de voyager – de fréquenter des lieux publics

Etre stigmatisé
Etre obligé de porter
l'étoile jaune

Etre exproprié
Etre boycotté

Perdre ses droits de
citoyen

Etre insulté
Etre maltraité
Ne pas pouvoir
se défendre
Subir des rafles

Prendre la fuite
Se cacher
Adopter une fausse identité
Vivre dans la peur

Etre séparé de ses proches
Vivre dans la solitude
Changer souvent de lieu
Cacher sa vraie identité

Etre méfiant
Etre prudent
Etre obligé de mentir

Etre trahi
Etre arrêté
Etre déporté

Etre interné dans un camp
Travailler dans des conditions inhumaines
Etre exploité dans des travaux épuisants

Subir les expériences des nazis
Subir la brutalité, la violence, les tortures des SS

La solution finale:
Etre exterminé
Etre assassiné
Etre gazé

Module 6

Comparaison de deux films: *Au revoir, les enfants* et *Lacombe Lucien*

Vor allem im Leistungskurs ist es sinnvoll, den Film (bzw. Auszüge daraus) *Lacombe Lucien* in die Behandlung einzubeziehen. Zum einen, um bei der Auswahl eines Klausurthemas mehr Gestaltungsmöglichkeiten zu haben, zum anderen aber vor allem, um im Rahmen der Bearbeitung der übergeordneten Thematik „La France et l'Allemagne: Occupation et Résistance" diesen komplexen Sachverhalt aus einer anderen inhaltlichen Perspektive zu beleuchten.

Stand im Vordergrund der Behandlung des Films *Au revoir, les enfants* die tragische Freundschaft Juliens zu Jean, seinem jüdischen Mitschüler, der durch Denunziation in die Fänge der Gestapo gerät, verhaftet wird und in einem Konzentrationslager stirbt, so wird gegenpolig in dem Film *Lacombe Lucien* die Täterrolle hervorgehoben. Der Film schildert das Schicksal eines jungen Franzosen, der durch einen banalen Zufall in den Kriegswirren der letzten Tage der Besatzung (Juni/Juli 1944) im Südwesten Frankreichs zum Mittäter, ja gemeinen Verbrecher wird. Der dargestellte Sachverhalt ist insofern ergiebig und interessant, als Louis Malle anhand der tragisch-absurden Verführung eines schlichten Jugendlichen ein dunkles, häufig verdrängtes Kapitel der französischen Geschichte aufgreift und verarbeitet, nämlich das der menschenverachtenden Zusammenarbeit der „collaborateurs" und „miliciens" mit der deutschen Besatzungsmacht.

Methodisch erscheint es dabei sinnvoll, kurze Resümees der beiden Geschichten anfertigen zu lassen – bzw. bei lediglich partieller Behandlung von *Lacombe Lucien* (ausgewählte Filmsequenzen) das Resümee der Lerngruppe in Kopie auszuhändigen. Die Gegenüberstellung der Resümees dient dazu, Vergleichsbereiche zu verdeutlichen.

Au revoir, les enfants: résumé de l'histoire

Début janvier 1944, Julien Quentin âgé de 12 ans regagne avec son frère aîné, François, seize ans, après les vacances de Noël le Collège Sainte-Croix, un collège pour «gosses de riches», tenu par des carmes en région parisienne.
Le soir du retour, le Père Jean, directeur de l'établissement, présente un nouveau pensionnaire, Jean Bonnet, que le surveillant Moreau met à côté de Julien et qui devient vite la cible des plaisanteries et méchancetés des autres pensionnaires.
Le spectateur plonge d'abord dans la vie des pensionnaires qui est rythmée par les cours, la messe, les jeux à la récréation, le réfectoire et la cour où les grands élèves et Julien trafiquent avec Joseph, garçon de cuisine handicapé et souffre-douleur surtout des grands qui se déchaînent sur lui. D'abord jaloux, Julien s'intéresse au nouveau qui s'avère excellent élève en maths et français, doué pour la musique et qui met en doute le statu privilégié de Julien. Curieux, Julien découvre petit à petit le secret de Jean Bonnet qui en fait s'appelle Kippelstein. Recherché par la Gewstapo, Jean Bonnet a trouvé refuge dans cet internat avec l'approbation

du Père Jean, qui essaie de mettre les jeunes à l'abri du monde extérieur hostile. Une sortie – le fameux jeu de piste – scelle leur amitié et petit à petit Jean Bonnet prend confiance.
Un banal accident – le vol et le renvoi de Joseph de l'internat – fait basculer cette histoire et la transforme en tragédie. Joseph chassé et sans ressources rejoint la Gestapo et informe le Dr. Müller de la présence au collège du réfractaire Moreau et de trois garçons juifs, dont Jean Bonnet. Lors de la perquisition, Julien trahit involontairement son ami Jean Bonnet qui est arrêté avec les deux autres garçons, Négus (Lafarge) et Dupré. Comme la Gestapo a trouvé des tracts de la résistance chez le Père Jean, celui-ci est arrêté à son tour avec les trois jeunes. Ces quatre personnes sont déportées et meurent assassinées dans un camp de concentration.

Lacombe Lucien: résume de l'histoire

L'histoire se passe en juin/juillet 1944, près de Souleillac, une petite commune dans le Sud-Ouest. Lucien Lacombe, fils de paysans, a trouvé un travail anodin et insatisfaisant dans un hospice. Ayant perdu sa place à la ferme – son père est prisonnier en Allemagne et la mère l'a remplacé par un amant du nom de Laborit – Lucien tente de rejoindre le maquis, mais est refusé par l'instituteur Peyssac qui le commande. Un pur hasard (une banale crevaison de vélo) le conduit finalement dans les locaux des auxiliaires français de la Gestapo, dans le fameux «Hôtel-Restaurant des Grottes» où – en le soûlant – les policiers parviennent facilement à lui soutirer le nom du responsable du maquis et à le faire trahir son ancien instituteur. Lucien se retrouve ainsi engagé dans la police allemande. Le jeune homme est fasciné par le pouvoir qui lui est dorénavant conféré. Par l'intermédiaire d'un autre policier-collaborateur, le dandy Jean-Bernard, Lucien fait la connaissance d'Albert Horn, un tailleur juif de Paris, caché dans la région et y vivant sous un faux nom avec sa mère et sa fille, France. Lucien abuse de son autorité pour s'installer chez lui et séduit France, dont les sentiments et les réactions demeurent ambigus et contradictoires. Horn – se sentant abusé, désespéré et excédé par cette situation insupportable – perd finalement tout espoir de pouvoir s'enfuir en Espagne et se livre lui-même à la Gestapo, sans que Lucien ait la possibilité de l'en empêcher.
Dans le chaos des événements qui suivent (l'attaque des maquisards et une dernière rafle de la Gestapo avant le retrait des troupes allemandes), Lucien parvient – en tuant un soldat allemand chargé de l'arrestation de France et de sa grand-mère – à sauver les deux femmes de la déportation. Tous les trois s'enfuient et s'installent dans une ferme isolée et abandonnée. A la fin du film, sur un carton, le spectateur apprend l'arrestation de Lucien le 12 octobre 1944, sa condamnation à mort et son exécution.

Vous avez devant vous les deux résumés; vous connaissez à fond l'histoire de Julien et de Jean. Qu'est-ce qu'on peut – à votre avis – comparer, ou bien qu'est-ce qui vous semble utile d'être comparé?

Gemeinsamkeiten betreffen zunächst einmal den historischen Kontext, in welchem die Handlungen ablaufen: *Au revoir, les enfants* spielt im Januar 1944, *Lacombe Lucien* in den Monaten Juni/Juli 1944, wobei der Film mit einer präzisen Angabe (Verhaftung, Verurteilung und Exekution Luciens), dem 12. Oktober 1944, endet.
Weitere Parallelen können in Bezug auf die handelnden Personen gezogen werden. Den Schülern können für die Behandlung dieser Arbeitsbereiche folgende Hilfen (Angaben zu *Lacombe Lucien* in Klammern, die Angaben beziehen sich auf die Ausgabe von Gallimard 1974) gegeben werden:

- la présentation des Allemands dans les deux films (pp. 24, 29, 30, 134–136)
- la Père Jean et l'instituteur Peyssac (pp. 16–19, 26, 27, 32, 33, 55, 56)
- Jean Bonnet et Albert Horn (pp. 41, 42–47, 66–72, 75–87, 89–94, 103–110, 112–123)
- Joseph et Lucien Lacombe (texte intégral)
- contexte historique → la guerre (pp. 32, 35, 47, 50, 57, 63, 87–88, 103, 111, 126, 130–136)

6.1 Le contexte historique

Die Erarbeitung des historischen Kontexts ist wichtig, weil dieser nicht ohne Einfluss auf die Bewertung handelnder Personen bleibt. Dabei müssen verschiedene Perspektiven (Innen-, Außensicht) berücksichtigt werden, die jeweils unterschiedliche Informationsstände widerspiegeln.

Sur la *Page à copier 29* vous trouvez quelques sites Internet sur la Seconde Guerre mondiale et une carte qui montre l'état du front militaire (est, sud et ouest). En même temps, vous cherchez dans les scénarios respectifs (premier groupe ➡ *Au revoir, les enfants*, deuxième groupe *Lacombe Lucien*) des informations dont disposent les protagonistes – surtout Joseph et Lucien Lacombe – sur la situation militaire au début 1944 et en juin/juillet 1944 (voir carte: fronts fin décembre 1943 et vers le 20 juillet 1944).

Die Auswertung der sites internet, der Karte und der beiden Filme/Drehbücher könnte ergeben:

***Au revoir, les enfants*: janvier 1944**
Au début de l'année 1944, la situation militaire pour l'Allemagne est difficile. Le tournant de la guerre s'est annoncé avec la reprise de Stalingrad par les Russes et la perte de la 6e Armée (2 février 1943). A l'est, après cette débâcle, les Allemands sont en recul; la ligne de front, encore relativement stable dans le nord de l'Union soviétique, va de la ville de Léningrad (Saint-Petersbourg) en passant par Smolensk et Kiev jusqu'à la Mer Noire. Sur les autres fronts, la situation se dégrade encore davantage: en mai 1943, l'«Afrikakorps» capitule en Afrique du Nord, le 10 juillet 1943 les Alliés se lancent à l'assaut de la Sicile, en septembre les Américains débarquent à Salerne, en Italie du Sud. Ils se préparent à un autre débarquement qui aura lieu à Anzio, au sud de Rome, le 22 janvier 1944.
Dans le film, les informations sur la guerre sont rares. Les Français de cette époque disposent seulement de peu d'informations fiables, elles sont filtrées et déformées par la propagande allemande ou anglaise. Les

bombardements des Alliés s'intensifient, l'espoir de voir débarquer des Alliés en France est clairement exprimé («J'espère qu'ils vont se décider à débarquer, les Américains», paroles de Jean Bonnet, p. 105.15–16). Les nouvelles du front sont présentées une seule fois à la page 109, où M. Guibourg, professeur de maths donne ses informations aux élèves peu avant l'arrivée de la Gestapo. Les élèves apprennent des détails sur le front russe, où «l'Armée rouge a crevé le front allemand sur 100 kilomètres à l'ouest de Kiev» (p. 109.08–09) et sur le front d'Italie, où «les Américains et les Anglais continuent de ne pas avancer d'un pouce devant le mont Cassin» (p. 109.19–21). Néanmoins, M. Guibourg est obligé de relativiser parce que selon leur provenance les informations (Radio Londres = Anglais; Radio Paris = Allemand) sont certainement manipulées. Bien entendu, Guibourg court un grand risque en propageant des informations qu'il a entendues sur Radio-Londres, d'autant plus qu'il affiche avec des petits drapeaux la ligne du front sur une carte. L'attitude du Dr. Müller de la Gestapo est significative: d'un geste furieux il arrache les drapeaux qui marquent le recul des troupes allemandes face à l'avance des troupes alliées. Aucun signe de faiblesse de l'armée allemande ne doit servir la cause de la Résistance.

Lacombe Lucien: juin/juillet 1944

Au début de l'été 1944, la situation est devenue très critique, il est clair que l'Allemagne perdra cette guerre. A l'est, le front s'effondre après le 6 juin, l'Armée rouge avance rapidement, elle pénètre en Pologne et se trouve – fin juillet – déjà aux portes de la Prusse orientale. En Italie, les Alliés – après la conquête du mont Cassin (mai 1944) et la prise de Rome (4 juin 1944) – avancent vers le nord de la péninsule et s'attaquent à la ligne Gothique. Le débarquement des Alliés a lieu le 6 juin 1944 en Normandie où les Allemands ne réussissent pas à repousser l'ennemi qui s'infiltre à l'intérieur du pays. Ainsi, l'ouverture d'un front à l'ouest accélère le retrait et la déroute des troupes allemandes d'autant plus que les Alliés s'apprêtent à ouvrir un deuxième front en France: le débarquement en Provence aura lieu le 15 août 1944. En plus, dans les zones encore occupées par les unités allemandes, les actions de la Résistance se multiplient et contribuent considérablement à la libération du pays. C'est à peu près dans ce cadre historico-militaire que se déroule le film *Lacombe Lucien.*
La situation du groupe des collaborateurs installé dans ce fameux «Hôtel-Restaurant des Grottes» est plus que précaire; pour reprendre une image (p. 126), «le crépuscule du système collaborationniste» a commencé. Les troupes allemandes se replient, les actions du maquis s'intensifient et la milice réagit avec davantage de brutalité. Une répression de plus en plus féroce va de pair avec l'agonie d'un système qui arrive au bout: on assiste à des saisies, trafics, vols, exactions, arrestations, tortures et assassinats du côté des miliciens. De l'autre côté on apprend que «les Américains vont gagner» (p. 57), que les nouvelles du front de Normandie sont peu rassurantes pour les Allemands (p. 47) et que les attaques des résistants sont de plus en plus hardies: le combat sur la falaise (blessure de Tonin, p. 87ff.), la mort de Jean-Bernard et Betty abattus par les maquisards (p. 103) et l'attaque du poste de police. Celle-ci entraîne la mort d'Aubert, d'Hippolyte, d'un soldat allemand et la blessure de Faure. Celui-ci essaie

Le contexte historique

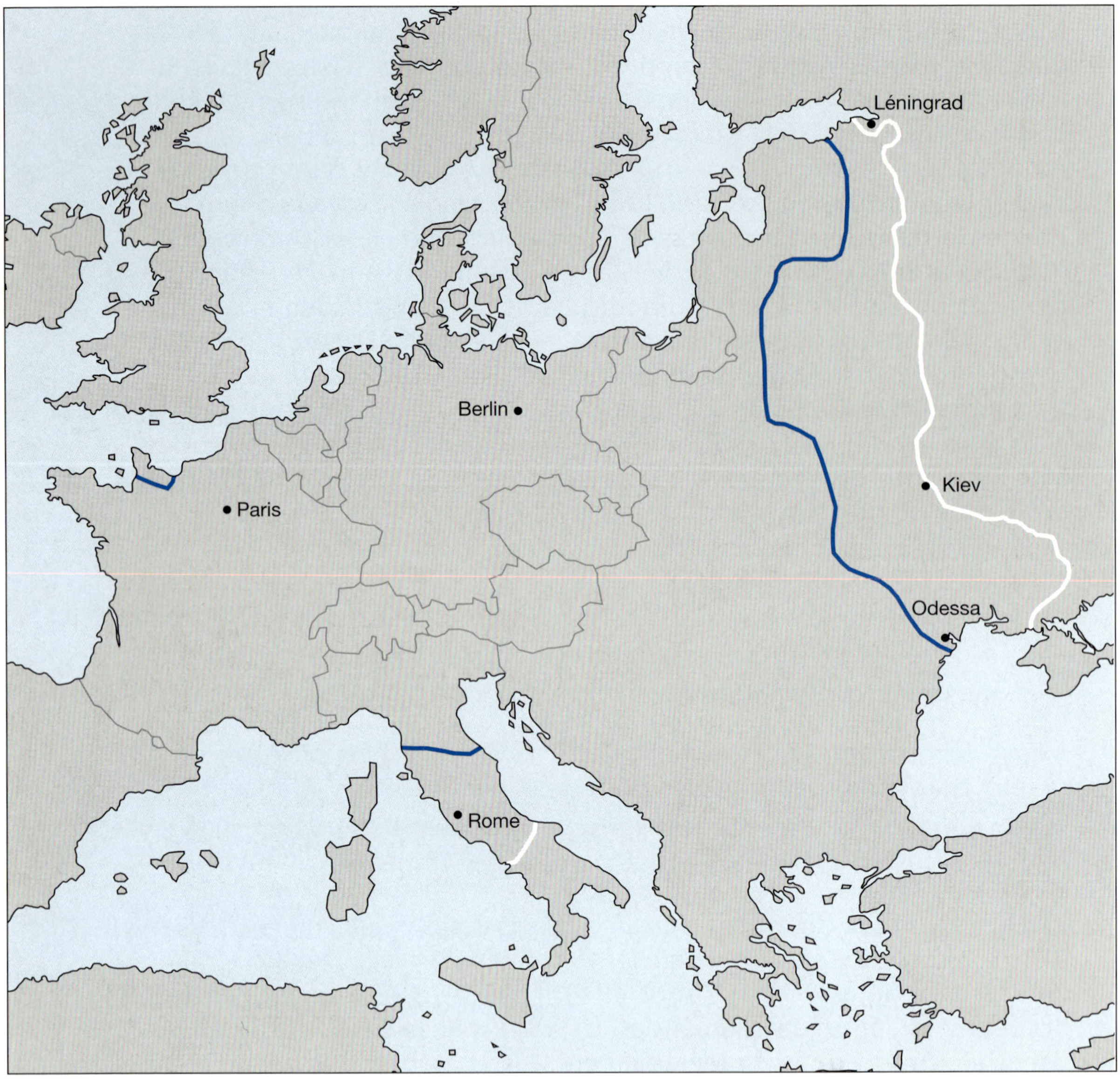

- Lignes blanches: ligne de front fin décembre 1943 ➡ Italie, Union soviétique
- Lignes bleues: le front vers le 20 juillet 1944 ➡ Italie, Union soviétique, France

Lieux géographiques:
- à l'est: l'Ukraine, la Biélorussie, les pays baltes, la Prusse orientale
- au sud: la Campanie (au sud de Rome) ➡ la ligne Gustave, la Toscane ➡ la ligne gothique
- à l'ouest: la Normandie, l'estuaire de la Seine, le Cotentin

Sites Internet:
- http://www.dday-overlord.com/bataille_de_normandie.htm
- http://www.onwar.com/maps/wwii/normandy/index.htm
- http://www.peterhofmann.de/frontverlauf.jpeg

encore désespérément de contacter la Kommandantur (p. 133 ff.) déjà dissoute, puisque les troupes allemandes sont en train de quitter le terrain. C'est dans cette situation déjà désastreuse et catastrophique que Lucien Lacombe entre dans la voie de la collaboration.

6.2 Les Allemands dans les deux films

Die Darstellung der Deutschen in den beiden Filmen/Drehbüchern könnte ebenfalls Ausgangspunkt einer genaueren Untersuchung werden. Angesichts der zuvor bereits angesprochenen unterschiedlichen Thematik können wiederum in gruppenteiliger Arbeit die beiden Filme nach folgenden Aspekten bearbeitet werden:

1. Nommez les protagonistes allemands dans le texte.
2. Décrivez leur comportement, nommez les attributs qu'on leur accorde et classez-les selon leur grade militaire/leur fonction.

1. **Les Allemands dans *Lacombe Lucien***
   Bien que des références aux «boches», à la Gestapo et à la Kommandantur ne manquent pas, la présence des Allemands (Wehrmacht, SS, Gestapo) est rare. Dans ce film n'apparaissent que des subalternes, des marionnettes du régime. Les rares fois où on les voit ils sont montrés plutôt sous un aspect favorable: jeunes, souriants, aimables et serviables comme le «Feldwebel» qui, au début (pp. 29 ff.), doit ramener un dossier à un certain M. Müller, un nom également quelconque (parallélisme avec le Dr. Muller dans *Au revoir, les enfants*); même le sous-officier SS qui doit déporter France et la grand-mère Bella Horn (pp. 134 ff.) se montre – ce qui étonne énormément – poli, patient, aimable et correct («M. Lacombe, il n'y a pas de voleur dans l'armée allemande ... Remettez cet objet.» → p. 136) tout en s'adressant à la famille Horn dans un français excellent. A cette attitude inhabituelle d'un SS s'ajoute la bizarrerie qu'il soit seul à emmener les juifs.

   Les Allemands dans *Au revoir, les enfants*
   Dans le film la présence des Allemands est bien régulière et plus différenciée. Ils sont – comme il se doit en ces temps de guerre – surtout présents dans les lieux publics (gares, établissements, rues, places, routes) tout en assumant leur fonction de contrôle (couvre-feu). La catégorie d'Allemands dans ce film est beaucoup plus variée, toutes les grades et fonctions sont mis en place: le simple soldat, les officiers, les SS, la Gestapo en civil et même le chef de la Gestapo de Melun, le Dr. Muller. Un double constat s'impose: les simples soldats sont présentés de façon positive, ils passent pour des êtres normaux et même sympathiques comme p.ex. le jeune soldat qui arrive au collège pour se confesser (19.18 f.), les jeunes soldats aux bains publics qui rigolent et se moquent gentiment des garçons qui sont arrivés avec les prêtres (48.03 ff.) ou surtout les deux Bavarois qui ramènent Julien et Jean à l'internat et qui font même preuve d'humour (74.04 f.).
   Le deuxième constat est la dégradation de l'image des Allemands qui se ternit au cours du film; le schéma suivant en tient compte.

2. Fiche de travail:

Les simples soldats	Les officiers du restaurant	Gestapo/SS	Le Dr. Muller
•	•	•	•
•	•	•	•
•	•	•	•

La conclusion ➡ l'image des Allemands dans le film

Folgende Struktur spiegelt ein mögliches Ergebnis wider:

Simples soldats ➡	officiers ➡	Gestapo/SS et	le Dr. Muller
↓	↓	↓	↓
• jeunes • sympathiques • aimables/ serviables • corrects	• arrogants • blasés • dragueurs • ivres	• dominateurs • inhumains • méchants • impitoyables	• nazi à l'état pur • raciste • idéologue donneur de leçons

du positif >>>>>>>>>>>>>>> vers le négatif

6.3 Vergleich des Père Jean mit dem Dorfschullehrer Peyssac

Der im Film *Au revoir, les enfants* wichtigen Person des Direktors des Internats, dem Père Jean, kann aus dem Film *Lacombe Lucien* die Person des Dorfschullehrers Peyssac gegenübergestellt werden. Den Schülern wird ein Arbeitsblatt ausgehändigt, in dem gemäß vorheriger Erarbeitung Kriterien für einen Personenvergleich aufgeführt sind.

Il y a dans les deux films des personnages très intéressants dont nous avons déjà parlé et qu'on pourrait comparer. Nommez des critères essentiels pour une comparaison.

Es kann erwartet werden, dass die Begriffe „ressemblances/divergences" bezüglich der Haltungen/Einstellungen und Handlungsweisen der betreffenden Personen genannt werden.

Fiche de travail

Ressemblances	Divergences: Peyssac	Divergences: Jean
• • • •	• • •	• • •

Als Ergebnis könnte folgende Gegenüberstellung festgehalten werden:

Ressemblances	Divergences: Peyssac	Divergences: Jean
• les deux sont éducateurs • ils représentent pour les jeunes une autorité incontestable • le Père Jean et l'instituteur Peyssac se révoltent; ils s'engagent dans la lutte contre l'occupant • tous les deux paient de leur vie leur engagement pour un monde plus juste et plus libre	• la lutte **armée** contre les occupants et les représentants du régime de Vichy • un activiste **dur et discipliné**; un homme qui tue pour atteindre ses objectifs • un **pédagogue** aux qualités **douteuses:** ironie → élèves et refus/renvoi de Julien	• la lutte dans l'**humanitaire** → aider les poursuivis; cacher les gens qui sont en danger • un homme **indulgent** qui fait parfois preuve d'un certain **laxisme;** tendances **fatalistes** • un pédagogue **irréprochable** et compréhensif; un homme fortement imprégné par la **morale chrétienne**

6.4 Vergleich Jean Bonnet/Albert Horn

Mit dem Vergleich der verfolgten Juden wird zunehmend das Interesse auf die Hauptpersonen gelenkt. Wenngleich es zunächst nicht sinnvoll und ergiebig erscheint, einen Vergleich eines 11- bis 12-jährigen Jugendlichen mit einem wesentlich älteren Erwachsenen zu ziehen, so zeigen sich doch bei eingehenderer Untersuchung Einstellungen und Verhaltensmuster, die zum vertieften Verständnis beitragen können. Es kann wie zuvor verfahren werden.

Ressemblances	Divergences: Jean Bonnet	Divergences: Albert Horn
• Juifs traqués, ils sont en fuite • Ils ont des origines allemandes • Ils sont obligés de prendre une nouvelle identité • Ils doivent se cacher, ils ont peu ou pas de contact avec l'extérieur • Instruits et cultivés, il s'intéressent à l'art (musique) • Insultés et bafoués, ils expriment la même lassitude et font preuve de fatalisme • Ils meurent tous les deux dans un camp de concentration	• un garçon de 11/12 ans • étapes de sa vie: Marseille et Lyon (?) • un garçon sans ressources, seul, dépendant de la bonté et de la charité des autres • la dénonciation/la trahison cause son arrestation et sa mort	• un homme d'un certain âge, qui porte une responsabilité écrasante → une vieille mère malade, une fille «putain» • originaire de Paris, habitant avant dans le 8ᵉ, classe bourgeoise • un tailleur célèbre, un homme fortuné qui espère pouvoir «acheter» sa fuite vers l'Espagne • son désespoir – l'échec de son projet – le pousse à un acte suicidaire: il se livre à la Gestapo et scelle sa mort

6.5 Vergleich Lucien Lacombe/Joseph

Kernstück dieses Bereichs ist die Gegenüberstellung zweier Jugendlicher, die in den Wirren dieser Zeit untergehen. Aufgrund des häufigen Auftretens Josephs und der Hauptrolle Luciens lassen sich etliche Parallelen und Gegensätzlichkeiten aufzeigen, wobei jedoch erst durch mehrfaches Sehen von *Lacombe Lucien* bzw. Lesen des Drehbuchs des komplexen Charakters von Lucien angemessen Rechnung getragen werden kann. Es erscheint daher sinnvoll, eher guten Schülern eines Leistungskurses diese umfangreiche Aufgabe im Rahmen eines längerfristigen Referats zu übertragen.

Fiche de travail

Ressemblances	Divergences: Lucien	Divergences: Joseph
• • • • • • •	• • • • • • Conclusion:	• • • • • • Conclusion:

Ein Lösungsvorschlag findet sich auf der *Page à copier 30*.

Vergleich Lucien Lacombe/Joseph

Ressemblances

- deux adolescents de 17 ans
- issus de conditions modestes
- originaires d'un milieu défavorisé et rustre
- manque de repères, absence de modèles

- petits travaux insignifiants, corvées
- travail mal payé
- vols et trafics pour améliorer leur budget
- aucun prestige social

- frustrations permanentes
- sentiment d'exclusion, d'infériorité
- humiliations et vexations de l'entourage

- trahison/dénonciation
- collaboration avec l'occupant
- absence de regrets/remords, aucune notion de culpabilité personnelle
- exécution probable après la libération pour tous les deux

Divergences

Lucien Lacombe	Joseph
• passif au début, il s'affirme de plus en plus dans ses contradictions	• passif et inoffensif, il subit sans cesse les injustices
• un adolescent impulsif, agressif, violent, sadique qui tue par plaisir • un jeune homme animé par le désir de vengeance, de compensation, de défoulement ➡ brutalité	• le renvoi injuste le met dans une situation critique, voire catastrophique
• goût de la domination: prétention, mensonge, provocation, machisme	• son infirmité aggrave cet état: Joseph sans aucune ressource matérielle
• un être simple, naïf, bête, dominé par une immédiateté instinctive et animale	• le besoin et la misère le poussent vers la collaboration
• fascination irréfléchie pour l'argent, le luxe, le confort et le plaisir • un gestapiste, fasciste «par hasard» dénonciation même de son instituteur • bête au point qu'il laisse échapper la dernière chance de salut	• il essaie de justifier son acte vis-à-vis de Julien
Conclusion:	Conclusion:
Lucien – **un con et un salaud** – qui ne mérite aucune indulgence	Joseph – **un pauvre type** – qui mérite des circonstances atténuantes

Hélène Kro – une vie pour deux

L'histoire se passe à Paris en 1942, pendant la Seconde Guerre mondiale. Hania Mansfeld (alias Hélène Kro) est une jeune Française d'origine juive.

Hélène Kro a rêvé de devenir aviatrice. Elle y pense encore souvent tout en piquant des vêtements à la machine, dans un atelier de confection. La journée est longue. Le soir, elle se dépêche de rentrer. Son fils a besoin d'elle. Il n'a que cinq ans.
Elle prend le métro. Peut-être trouvera-t-elle en rentrant une lettre de son mari, prisonnier de guerre en Allemagne?
Autour d'elle, les gens font semblant de ne pas la voir. Ou bien, au contraire, lui sourient, exprès. Car Hélène porte sur son manteau un carré de tissu jaune, avec une étoile [...] dessinée dessus. Au milieu, un mot qui se veut outrageant: «Juif».
Depuis que les nazis sont entrés en France, ils s'efforcent de propager leurs théories racistes, par tous les moyens.
En juin, le port de l'étoile jaune devient obligatoire. Le 15 juillet, le «jeudi noir», treize mille Juifs sont arrêtés dans une monstrueuse opération.

Quand Hélène rentre, l'enfant dort paisiblement dans son lit. Il n'y avait pas ce jour-là de lettre d'Allemagne.
Tout à l'heure, des amis sont venus, des résistants. Ils lui ont demandé encore un service. Dangereux, comme d'habitude.
Hélène a accepté. Il faut faire ce qu'on peut, pour hâter la fin de ces temps terribles.
Elle regarde son enfant. Dès demain, pour être plus libre, elle le conduira à la campagne, chez des braves gens qu'elle connaît. Une des innombrables familles qui font tout, en ces jours difficiles, pour aider le Israélites traqués …
Hélène sert d'agent de liaison, transporte des armes. Puis, avec d'autres femmes, elle attaque des parcs de matériel militaire allemands. Voitures et camions flambent. Ils ne serviront plus à l'ennemi.
Hélène est heureuse de se sentir utile, de participer au combat.

Mais un jour, alors que son sac est plein de dynamite, une main s'abat sur son épaule: la police. On la ramène, pour perquisitionner, dans son petit logement, au cinquième sous les toits.
Hélène n'a pas peur. Seulement, elle attend deux résistants qui doivent venir chez elle, chercher les explosifs.
Les policiers fouillent partout. D'autres sont en bas, dans une voiture. Elle regarde sans arrêt par la fenêtre ouverte, ne sachant qui faire.
Et voilà qu'au bout de la rue, les deux résistants paraissent. Dans quelques minutes, ils frapperont à la porte et seront arrêtés à leur tour.
Si elle crie, ils fuiront. Les policiers, en bas, les prendront en chasse.
Il n'y a qu'un moyen pour prévenir les camarades … Les policiers ne lui prêtent aucune attention. Elle enjambe vivement la fenêtre et se lance dans le vide, du cinquième étage.
Dans la rue, les gens hurlent. Les policiers se précipitent. Les résistants ralentissent le pas. Ils ont compris le drame qui s'est joué. Hélène leur a sauvé la vie, sans hésiter, au prix de la sienne.

(461 mots)

http://www.remembering.it/essay/rosine.html

une aviatrice une femme qui conduit des avions
piquer des vêtements coudre (*nähen*) des vêtements

outrageant participe présent du verbe outrager qn; syn de insulter qn

hâter la fin *das Ende schnell herbeiführen*

traquer qn poursuivre qn
un agent de liaison une personne qui établit le contact
flamber être en flammes

enjamber la fenêtre passer une jambe par la fenêtre

… qui s'est joué … qui s'est passé

Sujets d'étude

1. Résumez le texte.
2. Décrivez les conditions de vie de la jeune Hélène.
3. Analysez les motivations de la jeune femme.
4. **Travail créatif:**
   Vous êtes dans l'appartement avec les policiers qui fouillent tout.
   Mettez-vous à la place de la jeune Hélène. Celle-ci analyse la situation: elle n'a pas peur pour elle, mais pour ses camarades de la Résistance qui vont bientôt arriver chez elle. Exprimez les idées qui pourraient dans une telle situation lui passer par la tête.
   Ecrivez un monologue intérieur.

Erwartungshorizont zu Klausur 1

zu 1: Compréhension

L'histoire qui est racontée se passe à Paris pendant la Seconde Guerre mondiale, en 1942.

Hélène Kro, une jeune juive, vit dans des circonstances extrêmement difficiles. Déjà exposée comme juive à un danger énorme, elle s'engage dans la résistance. Elle commet des actes de sabotage contre l'armée allemande.

Un jour, la Gestapo l'arrête alors qu'elle est en train de transporter de la dynamite. Une perquisition a lieu dans son appartement et Hélène se trouve dans une situation fâcheuse: ses amis de la résistance vont bientôt arriver pour venir chercher la dynamite. Afin d'éviter l'arrestation de ses camarades et pour les prévenir, Hélène – quand elle voit arriver ses amis – profite d'un moment d'inattention des policiers et saute du cinquième étage dans le vide. Les résistants ont compris, le suicide d'Hélène leur a sauvé la vie.

zu 2: Compréhension

Le texte contient beaucoup d'informations sur Hélène Kro.

C'est une jeune femme juive qui a un garçon de cinq ans. Elle doit l'élever seule parce que son mari est prisonnier de guerre en Allemagne. Elle vit dans un petit appartement, au cinquième étage sous les toits.

Pour gagner sa vie et assurer celle de son fils, Hélène travaille dans un atelier de confection où elle coud des vêtements à la machine. Sa journée est longue et dure, le soir elle prend le métro pour rentrer. Sur le chemin du retour, elle est obligée d'affronter le regard des passants dans la rue; elle se dépêche de rentrer, son fils l'attend. Comme il a seulement cinq ans, il a encore bien besoin d'elle.

Mais Hélène fait également partie de la résistance. Elle est agent de liaison, transporte des armes et de la dynamite qui sert à faire exploser le matériel militaire de la Wehrmacht. Pour accomplir ces missions dangereuses et pour être un peu plus libre, elle a pu mettre son fils à l'abri: elle a trouvé des braves gens à la campagne qui veulent bien s'occuper du petit.

zu 3: Analyse

Hélène est une femme courageuse. Déjà, quand elle était jeune, elle avait rêvé de devenir aviatrice mais les circonstances l'avaient empêchée de réaliser ce rêve. La guerre, l'occupation, la persécution des juifs et l'emprisonnement de son mari en Allemagne provoquent en elle une prise de conscience: il faut se révolter contre cette injustice, il faut se battre pour un monde plus juste et plus libre. L'intérêt général est plus important que sa petite vie privée. Elle sait qu'elle doit abandonner son fils, mais elle le fait aussi pour lui, pour qu'il puisse vivre dans un monde meilleur. Elle veut se sentir utile, elle s'engage dans la résistance pour lutter activement contre la mal qui l'entoure et qui rend cette vie insupportable pour elle, son fils et tous les autres juifs qui risquent d'être arrêtés, déportés et assassinés.

Mais Hélène fait bien plus: elle sacrifie sa vie pour sauver celle des autres. Ce n'est pas seulement courageux, mais également un acte lucide et logique. Lorsque la Gestapo arrête Hélène, la juive, elle sait qu'elle est – de toute façon – perdue. Elle sait ce qui l'attend, d'abord la prison et la torture (la Gestapo veut bien sûr connaître le nom des autres résistants), ensuite l'exécution ou – si jamais un sursis lui est accordé – la déportation vers un camp d'extermination. Elle sait qu'elle n'a plus aucune chance. Elle est assez intelligente pour comprendre tout de suite sa situation désespérée. Elle préfère se sacrifier tout de suite en choisissant elle-même le moment de sa mort qui est certaine et inéluctable.

zu 4: Travail créatif

Qu'est-ce que je vais faire maintenant? Ces salauds sont aussi en bas, j'ai vu leur voiture, ils attendent et ils vont m'emmener vers la prison dans cette voiture ...
De toute façon je suis perdue ... Ils ont déjà trouvé la dynamite, je serai emprisonnée, torturée et certainement déportée ... Je ne verrai plus jamais mon fils ... Il ne faut pas que je pense à lui, il ne faut pas que je pense à moi, à ma petite vie foutue ...
Mon Dieu que c'est dur ... je ne peux plus rien pour moi, mais Jean et Philippe vont bientôt arriver ... Je ne peux pas les laisser entrer dans la maison, il faut absolument que je les prévienne ... Sinon, il vont être arrêtés à leur tour ... Il faut que je trouve une solution, mais je ne sais pas ...
Oh mon Dieu, les voilà, au coin de la rue ...
Si je crie, ils vont commencer à courir, et ils seront poursuivis par les types dans la voiture ...
Il n'y a qu'une solution, il faut que je détourne sur moi l'attention de tout le monde ... pour ça il n'y a qu'une solution ... Ah ... ils ne regardent pas en ce moment ... Que mon fils et Dieu me pardonnent ...

Pierre Seghers: *Paris – Pentecôte*

Les pigeons de Paris qui criaient sur les toits,
L'Etoile, l'Opéra, le Carrousel, le Louvre,
Les chemins de mon sang à la tristesse s'ouvrent
Je vais dans un Paris qui ne me connaît pas.

Un Paris, mon Paris qui de vide s'aveugle,
Ses orages de pleurs dans des capes flottant,
Un Paris étranger qui se tend et attend
Le printemps, puis l'été, puis la chute des feuilles.

Un Paris d'un hiver pierreux et dur, qui dure,
Une ville de gel où circulent des mots
Interdits, inconnus, des signes, des signaux.
Une ville de doigts tressés comme des murs.

Ce qu'on y voit, ce sont ses plaies et ses tortures
Ce qu'on y lit, ce sont les crimes de Judas.
Les chevaux dans le ciel se cabrent.
Pas, et pas lourds, pesants, du fer et des armures ...

Mon pays traversé par les flèches, son rire
sur nos places cloué comme un oiseau, ses mains,
Ses chemins, son allure et sa grâce qui tint
L'univers ébloui malade à en mourir.

Disparaissez, hommes bottés, hommes de cuir,
Allez-vous en, le ciel se prend là où vous êtes,
De Paris vous n'aurez ni le corps, ni la tête,
Ni l'honneur: il se tait au sang de nos martyrs.

(205 mots)

Pierre Seghers: *Paris – Pentecôte*, dans: L'Honneur des poètes, Éditions Robert Laffont, Paris 1945

commentaire de Pierre Seghers: Pentecôte 1942: «Je venais d'apprendre de tristes nouvelles. Des fusillés, à Paris.»

le Carrousel L'Arc du Triomphe du Carrousel entre les deux bras du Louvre qui célèbre les victoires de Napoléon de 1805
s'aveugler ne pas voir la vérité
la cape sorte de manteau sans manches
se tendre qui est menacé de rompre

les chevaux les chevaux en pierre au bout des Champs-Élysées; les occupants allemand étaient en face de ces chevaux, à l'Hôtel Crillon
se cabrer se dresser sur les pieds de derrière
traverser percer
éblouir impressionner

se prendre devenir dur

Sujets d'étude

1. Indiquez le sujet et le message central de ce poème.
2. Dégagez du poème des allusions historiques relatives à cette époque.
3. Analysez les moyens stylistiques et expliquez leur fonction.
4. Commentez la fonction du poème et du poète dans cette situation historique.
5. «Il faut s'engager dans la vie et lutter contre les injustices.» Appliquez cet appel à d'autres personnages étudiés en cours.

Erwartungshorizont zu Klausur 2

zu 1: Compréhension

Dans ce poème, il est question de la situation difficile à Paris pendant l'occupation allemande entre 1940 et 1944. Le moi lyrique exprime dans les strophes 1 à 5 sa tristesse face à ce Paris qu'il aime tant et qui lui est devenu étranger. Les Allemands qui occupent et maltraitent Paris et sa population sont responsables de cette situation. Malgré la violence qu'ils font subir à Paris, il les exhorte à quitter sa ville. Paris ne pourra jamais être vaincu ni physiquement ni intellectuellement ni moralement.

zu 2: Analyse

Les allusions à la situation historique des années 1940 à 1944 sont fréquentes. L'occupation allemande a transformé fondamentalement cette ville; on peut mentionner la présence des militaires allemands (l. 21 ➡ hommes bottés), les conditions de vie qu'imposent les occupants sous forme d'interdictions (l. 11), de réglementations et d'avis (l. 11) et ceci dans une langue que les Français ne comprennent pas (l. 11 ➡ inconnu). On peut encore citer la trahison et la dénonciation (réfractaires, résistants, juifs) qui sont à l'ordre du jour (l. 14), les agissements de la Gestapo (l. 21 ➡ hommes de cuir) et finalement les tortures (l. 13) et les exécutions qui sont mises en relief dans le dernier vers (l. 24 ➡ nos martyrs).

zu 3: Analyse

Les connotations négatives sont nombreuses et caractéristiques de ce poème. Les valeurs essentielles sont bafouées: le pigeon, symbole de la paix, crie sur les toits (l. 1), l'oiseau, symbole de la liberté est cloué (l. 18); la guerre et l'occupation qui n'en finissent plus sont représentées par l'image du gel (l. 10) et de l'hiver «pierreux et dur qui dure» (l. 9); l'image des chevaux qui «dans le ciel se cabrent» (l. 15) symbolise le refus d'un régime étranger et inhumain sur le sol français. Cette occupation se manifeste surtout dans la volonté des nazis de s'imposer par la force, la répression et la violence (l. 17 ➡ mon pays traversé par des flèches); Judas (l. 14) est le symbole typique de la trahison; l'arrestation, la torture, la déportation et la mort sont à l'ordre du jour. Elle cause la colère chez les Français mise en valeur par la métaphore de l'orage (l. 6), une autre réaction massive de la population catholique face à ces souffrances est l'image de la prière, l'invocation de Dieu (l. 12 ➡ une ville de doigts tressés comme des murs). L'occupant n'est pas mentionné directement, il reste anonyme; le moi lyrique utilise comme moyen de style la synecdoque: les soldats sont des «hommes bottés» (l. 21), les agents de la Gestapo les «hommes de cuir» (l. 21), ils instaurent un système inhumain qui fait peur (l. 16), qui fait souffrir et cause la maladie et la mort (l. 20).

zu 4: Commentaire

Il s'agit d'un poème qui veut avoir une portée politique. Après l'occupation de la France, la signature de l'armistice, l'acceptation de la défaite et l'installation du régime collaborationniste à Vichy, beaucoup de Français se sont arrangés avec le système. La grande majorité des Français était des attentistes, après l'appel du général de Gaulle en juin 1940 les résistants étaient d'abord peu nombreux. La poésie et le poète avaient alors un rôle à jouer: c'était un moyen de lutter par le verbe contre l'oppresseur, déjouer ses intentions, réveiller les Français, les mettre en face de leurs responsabilités: au lieu de subir les horreurs (torture, déportation, extermination, fusillades massifs etc) des nazis, au lieu de rester passif et fataliste, il faut agir et lutter activement contre l'occupant. Ce que fait Seghers en partie avec ce poème: il stigmatise les actes du régime totalitaire, il évoque les souffrances de tout un peuple (Paris représente bien sûr la France entière), il somme les Allemands de quitter le pays où le régime nazi n'a aucune légitimité. Les deux derniers vers soulignent cet aspect essentiel de la poésie de la résistance: il fallait en ces temps difficiles, au delà des souffrances et pertes actuelles donner du courage et souligner que la France représentée par Paris est trop forte physiquement, intellectuellement et moralement pour subir encore longtemps le joug de l'oppresseur.

zu 5: Commentaire

Cet appel à un engagement personnel et à une lutte incessante contre les injustices est un élément important de la littérature engagée. Cet appel met l'accent sur notre responsabilité individuelle vis-à-vis de notre prochain et vis-à-vis de notre propre personne. Cette responsabilité est un des fondements de notre vie. C'est également un des principes essentiels de la philosophie existentialiste selon laquelle l'homme n'est rien d'autre que sa vie, rien d'autre que la somme de ses actes.

Ainsi, on peut appliquer cette philosophie au Père Jean (L. Malle: *Au revoir, les enfants*), qui s'engage pour les résistants et surtout les trois juifs qu'il cache dans son établissement. Il se révolte contre cette injustice inhumaine infligée à une «race inférieure». Il sait qu'il risque sa vie, il sait que la déportation et la mort l'attendent une fois que son «crime» sera découvert; mais le respect de la vie et le soutien des persécutés, des plus faibles sont des valeurs plus importantes que les lois raciales imposées par l'occupant. Cet homme courageux paie cet engagement de sa vie.

Dans une moindre mesure, le personnage de Nadia (Tahar Ben Jelloun: *Les Raisins de la galère*) applique également ces valeurs. Elle se révolte contre les injustices auxquelles elle est confrontée: d'abord la révolte contre les autorités qui démolissent le pavillon de la famille, qui détruisent le rêve de son père et qui anéantissent symboliquement la tentative d'intégration de cet homme dorénavant brisé. Elle se révolte également contre l'injustice infligée aux femmes – surtout aux jeunes – dont elle se sent responsable. Elle encourt même un grand danger personnel en refusant le soutien des islamistes Ali et Yahia qui prônent un retour aux lois ancestrales et veulent soumettre les femmes.

Un exemple négatif est le personnage de Garçin (J.-P. Sartre: *Huis clos*). C'est un anti-héros qui prêchait de son vivant l'engagement et la responsabilité (Garçin était journaliste), mais au moment où il fallait s'engager et faire preuve de courage, il a préféré la fuite. Par cet acte, Garçin a trahi ses convictions, il est le lâche par excellence. Au moment où il fallait appliquer les valeurs (lutte et engagement en temps de guerre), il a essayé de sauver sa peau; comme il a été arrêté et exécuté peu après sa fuite, il n'a donc plus aucune chance de changer cette image négative. La vie n'est que la somme des actes que l'homme commet pendant son existence; Garçin – mort en enfer – n'a plus aucune possibilité de se transformer en héros.

Anhang

Bibliographie – Livres et DVD:

- Louis Malle, *Au revoir, les enfants*, Reclam, Stuttgart 1993
- Louis Malle, *Au revoir, les enfants,* Collection Folio, Editions Gallimard, Paris 1987
- Arte Video: *Au revoir, les enfants*, DVD, Arte France Développement 2005
- Louis Malle/Patrick Modiano, *Lacombe Lucien*, NRF, Ed. Gallimard, Paris 1974
- Arte Video: *Lacombe Lucien*, DVD, Arte France Développement 2006
- Kate Santon/Liz McKay, *Atlas historique du monde*, Parragon Books Ltd 2006
- Frank Segrétain, *La Seconde Guerre mondiale*, Group Fleurus 2005
- *Encyclopédie de la Seconde Guerre Mondiale,* DVD, BT Production Paris
- Vanoye/Frey/Goliot-Lété, *Le cinéma*, Nathan, Paris 1998

Fachliteratur:

- Laurette Barboni, *Un film de fiction en classe? – Au revoir, les enfants* de Louis Malle. In: Der Fremdsprachliche Unterricht 99/1990, S. 11–16
- Hugo Stiller, *Texte und ihre Verfilmungen*, Vorteile einer Medienkombination für das textverarbeitende Lerngespräch im fortgeschrittenen Englischunterricht. In: Der Fremdsprachliche Unterricht 99/1990, S. 4–10
- Der FU Französisch: *Spielfilme* (Themenheft), N° 62, April 2003
- Der FU Französisch: *Les Médias – Mise en pratique* (Themenheft), N° 47, Oktober 2000
- EinFach Französisch, *La France occupée et la Résistance* (Textausgabe, Unterrichtsmodell, CD)

Links zu Louis Malle:

- http://www.nef-louismalle.com/
- http://fr.wikipedia.org/wiki/Louis_Malle
- http://crac.lbn.fr/image/ficheauteur.php?id=87
- http://cinema.encyclopedie.personnalites.bifi.fr/index.php?pk=9241
- http://www2.bifi.fr/cineregards/article.asp@sp_ref=292&ref_sp_type=1&revue_ref=38
- http://ann.ledoux.free.fr/pmwiki/index.php5?n=Main.LouisMalle
- http://www.arte.tv/fr/film/Louis_20Malle/1010556.html
- http://www.ina.fr/archivespourtous/index.php?vue=notice&from=personnalites&num_notice=2&total_notices=3&code=C0524224422

Links zu *Au revoir, les enfants:*

- http://www.abc-lefrance.com/fiches/aurevoirlesenfants.pdf
- http://crac.lbn.fr/image/fichefilm.php?id=39
- http://www.mtholyoke.edu/ncourses/nvaget/370sp05/aurevoirlesenfants.html
- http://www.premiersplans.org/premiersplans/05-festival/fiches_pedagogiques/Au_revoir_les_enfants.rtf
- http://web.grinnell.edu/courses/frn/f00/frn222-02/aurevoir.html
- http://www.kultur-frankreich.de/cinefete/2/dossiers/Dossier_au_revoir_les_enfants.pdf
- http://www.msu.edu/~norrisa/aurevoir/index.html
- http://www.cndp.fr/tice/teledoc/Mire/mire_aurevoir.htm
- www2.ac-rennes.fr/crdp/56/Actu/SaisonCult/Cinema/collegeaucinema/ficheau**revoir**-les**enfants**.pdf
- http://129.143.189.18/osiris20/download.php3?out=userdata/1_16/p_57/library/data&fileName=malleskript.pdf
- http://www.crrl.com.fr/

Links zu *Lacombe Lucien*:

- http://www.cndp.fr/tice/teledoc/dossiers/dossier_lacombe.htm
- http://fr.wikipedia.org/wiki/Lacombe_Lucien
- http://clicnet.swarthmore.edu/aobajtek/lacombe_lucien.html
- http://www.hlc.unimelb.edu.au/www_french/voir/voir5/field.html
- http://www.learmedia.ca/product_info.php/products_id/247
- http://www2.lmz-bw.de/osiris20/view.php3?show=551673
- http://www.mtholyoke.edu/ncourses/nvaget/370sp05/Lacombe%20Lucien.html
- http://www.litt-and-co.org/au_temps/Textes%20et%20r%E9f%E9rences/lacombe_lucien.htm
- http://perso.orange.fr/reseau-modiano/lacombelucien.htm

Links zu «La France sous l'Occupation»:

- http://lbsneu.schule-bw.de/unterricht/faecher/franz/umat/france/histoire/occupation.html
- http://www.herodote.net/histoire11221.htm
- http://crdp.ac-besancon.fr/france-en-guerre/films/film3_1.htm
- http://beninois.free.fr/index.php?cat=propagande-nazie
- http://www.msu.edu/~norrisa/aurevoir/index.html
- http://laresistance01.ifrance.com/laresistance01/
- http://crdp.ac-reims.fr/memoire/bac/2gm/menu.htm
- http://fr.wikipedia.org/wiki/Seconde_Guerre_mondiale
- http://partisans.ifrance.com/partisans/
- http://crdp.ac-reims.fr/memoire/bac/2gm/dossiers/02vichyetlesjuifs.htm
- http://noe-education.org/D12B.php
- http://partisans.ifrance.com/partisans/resint.htm
- http://www.secondeguerre.net/
- http://hsgm.free.fr/
- http://www.crdp-reims.fr/memoire/bac/2gm/menu.htm
- http://www.memo.fr/dossier.asp?ID=31
- http://www.atlas-historique.net/1914–1945/cartes/Europe1940.html
- http://histgeo.ac-aix-marseille.fr/enseign/houot/g39-45/g39_45.htm
- http://www.charles-de-gaulle.org/
- http://www.dhm.de/lemo/html/biografien/GaulleCharlesDe/index.html
- http://www.elysee.fr/elysee/elysee.fr/allemand/der_staatsprasident/die_galerie_der_staatsprasidenten/v_republik/charles_de_gaulle/charles_de_gaulle.20576.html

Links zu den „Frontverläufen":

- http://www.dday-overlord.com/bataille_de_normandie.htm
- http://www.onwar.com/maps/wwii/normandy/index.htm
- http://www.peterhofmann.de/frontverlauf.jpeg

Links zu „Filmologie":

- http://fichespedago.free.fr/voc_listecinema.pdf → vocabulaire syntagmatique et expressions
- http://phm.lettres.free.fr/BILAL/BD/P-BD-VOC.HTM
- http://yz2dkenn.club.fr/lexique_des_termes_specifiques_d.htm
- http://www.linternaute.com/hightech/dossier/video/tournage/terrain.shtml
- http://www.profweb.qc.ca/ffavreau/Bande_dessinee_analyse/analyse_dimage.htm
- http://www.dvforever.com/article.php3?id_article=92&artsuite=0
- http://www.learn-line.nrw.de/angebote/argost/download/glossar.pdf

Internetadressen: Stand Februar 2007